LA
FELICIDAD
NI TIENE
TALLA
NI TIENE
EDAD

VICKY MARTÍN BERROCAL

LA FELICIDAD NI TIENE TALLA NI TIENE EDAD

HarperCollins

1.ª edición: marzo 2023
2.ª edición: marzo 2023

Cualquier forma de reproducción, distribución, comunicación pública o transformación de esta obra solo puede ser realizada con la autorización de sus titulares, salvo excepción prevista por la ley.
Diríjase a CEDRO si necesita reproducir algún fragmento de esta obra.
www.conlicencia.com - Tels.: 91 702 19 70 / 93 272 04 47

Editado por HarperCollins Ibérica, S. A.
Avenida de Burgos, 8B - Planta 18
28036 Madrid

La felicidad ni tiene talla ni tiene edad
© 2023, Vicky Martín Berrocal
© 2023, para esta edición HarperCollins Ibérica, S. A.

© 2023, del texto «¡Qué difícil es mantener el peso!», Susana Monereo Megías
© 2023, del texto «Aspectos psicológicos relacionados con la obesidad», Helena García Llana

Todos los derechos están reservados, incluidos los de reproducción total o parcial en cualquier formato o soporte.

Diseño de cubierta: CalderónSTUDIO®
Maquetación: MT Color & Diseño, S. L.
Foto de la autora: Chesco López

ISBN: 978-84-9139-880-6
Depósito legal: M-1384-2023
Impreso en España por: BLACK PRINT

*A mi madre por todo y por tanto…
A mi hermana…, mi media mitad.
A mi hija…, mi* TODO.
*Y, por supuesto, a todas las mujeres
que me han hecho ser la mujer que soy.
Gracias por acompañarme en esta
maravillosa aventura que es vivir.*

ÍNDICE

Esa soy yo 13
   A todas las mujeres 14

1. Cuando no hay talla para ti 19
   Siempre me han llamado gorda 22

2. La importancia de las raíces 25
   Feliz con lo que tenía 28
   Anécdotas de mi niñez 32
   Mis amigos también son hogar 35

3. El efecto yoyó y un punto de inflexión 39
   Si quiero, lo quiero todo 41
   Palabras mayores: ¿obesa yo? 44

4. De vivir para comer a comer y ser feliz 51
   Pendiente de la báscula 54
   Olvida la palabra «régimen» 56
   Cuando aprender lleva toda una vida 58

5. De peregrinación en busca de la dieta milagro 61
   La belleza no se mide por la talla 69

6. **Tatúate en la mente la frase: «Tú puedes»** 79
   Veranos de complejos 82
   El tiempo coloca y sitúa 84
   La aceptación, la empatía y el agradecimiento 87
   Forma tu *puzzle* 88

7. **Todo es posible… si lo puedes imaginar** 91
   El tabú de ir al psicólogo: *bye bye* 96

8. **¿Qué es lo perfecto?** 111
   Eres única 116
   Descubre tus cartas y disfruta de la partida 117
   Aprende a reírte de ti y tiende una mano
      a los demás 120

9. **Bienestar por dentro y por fuera** 127
   El deporte, qué gran psicólogo 129
   El amor por el boxeo, otra gran herencia 130
   Frente al espejo 133

10. **Gritar los sueños al viento** 137
    La moda flamenca, mi ojito derecho 140
    Escuchar al alma 142
    Si dejara de soñar estaría muerta 145

11. **Alma, corazón y vida** 151
    Desde las entrañas y el desamor 155
    Una se viste como es 158

12. **No te dejes encorsetar**	161
No quiero ser perfecta, quiero ser feliz	166
Referentes de verdad	166
Hartas de meter tripa, ¿o no?	169
13. **Muéstrate como eres**	171
Las vidas de las redes sociales	175
14. **Alba, mi compañera, mi todo**	179
Educar en valores	185
15. **Lo que el amor me ha enseñado**	189
Enamorada de la conquista	192
Ya sufro menos por amor	193
El desamor se lleva todo por delante	194
16. **Celebrar la vida**	197
En el punto de partida	201
Vivir sin miedo	201
La felicidad está en ti	204

ESA SOY YO

Si tienes este libro en las manos, tal vez sea porque su título te ha llamado la atención o porque conoces mi trayectoria profesional, porque me sigues en las redes, porque llevas años viéndome en televisión, puede incluso que en algún momento de tu vida te hayas vestido de mí o porque directamente te has sentido identificada conmigo. Sea cual sea el motivo por el que estás leyéndome, solo puedo decirte GRACIAS. Gracias por acompañarme en este proyecto tan especial para mí.

Quisiera que charlemos de tú a tú, que hablemos desde el alma y que nos rocemos el corazón. Quiero mostrarte a una Vicky sin filtros y en estado puro. Una mujer pasional, sincera, sin límites…, y sin término medio. Lo que me gusta, me gusta a morir y lo que no me gusta, no me gusta na. ESA SOY YO, además de otras muchas cosas. Pero sobre todo quiero mostrarte una versión de mí que nunca antes habías conocido.

¿Y por qué ahora? ¿Por qué hoy y no antes? Porque es ahora con mis cincuenta años cuando te puedo hablar desde la libertad más absoluta. Sé quién soy y cómo soy. Y gran parte de cómo soy es porque vengo de donde vengo. De mis raíces.

De una familia con mucho amor, pero desestructurada. Y de unos padres que amaré siempre y que son los pilares de mi persona.

Nací de una Mujer que se enfrentó sola a la vida y que me ha llevado cogida de su mano en todo momento. Una madre dedicada a su familia en cuerpo y alma, una adelantada a su tiempo que luchó contra el qué dirán y que amó a mi padre con locura. Ella ha sido la culpable de que haya amado la moda de esta forma tan desmesurada y la responsable, entre otras enseñanzas, de darme un conocimiento increíble de la mujer.

Mi padre fue un genio, un loco maravilloso. Uno de los amigos que más le conocía dice que podría tener muchas cicatrices en el cuerpo, pero ninguna en el alma. Un hombre libre que me enseñó a vivir. Casi todo lo que sé lo aprendí de él. Con él comprendí que nadie es más que nadie y que hay que ser libre pero sin molestar al prójimo, y que en el término medio está la virtud, aunque yo no lo haya conseguido.

No cabrían en este libro todas las palabras de agradecimiento y admiración que siento por ambos. Sin ellos, sin lugar a dudas, no sería la mujer que soy hoy.

A TODAS LAS MUJERES

Sí, a vosotras, a todas vosotras, que habéis sido las grandes protagonistas de mi vida sin saberlo. Siempre digo que cada ladrillo de mis tiendas tiene nombre de mujer. Mujeres que me habéis acompañado en esta maravillosa aventura que es vivir. Gracias por haber gritado mis sueños. Una a una estáis presentes en estas líneas, hilvanando cada párrafo con vuestras historias llenas de sueños y confidencias. Este libro no sería posible sin vosotras.

En este ratito que vamos a pasar juntas quiero decirte que no te he traído hasta aquí para convencerte de nada. ¡Dios me libre de enseñar o de sentar cátedra! Pero algo sí sé, y es que tú y yo somos iguales, y tal vez mi historia personal te pueda servir de ayuda.

He vivido toda mi vida bajo la tiranía de los kilos de más y después de mucho estudiar el cuerpo de la mujer, pero de la mujer real, tengo clarísimo que, independientemente de que todos los cuerpos sean diferentes, la clave está en querernos tal y como somos, y en no juzgarnos, y menos a nosotras mismas.

Cuando una mujer llega a mí para que le diseñe un vestido, tenga el cuerpo que tenga y pese los kilos que pese, busco la complicidad para conseguir su mejor versión, encontrar ese «traje» que la haga única y especial. Por desgracia, no he conocido a ninguna que se sienta cien por cien segura de su físico, y fíjate si he probado a mujeres durante estos diecisiete años, incluso a algunas de las más admiradas.

Nos han grabado a fuego que tenemos que ser perfectas: grandes madres, buenas hijas, esposas, profesionales... Pero, además, siempre estupendas y las más guapas, las más delgadas y las más de todo. Y bajo esa tiranía llena de cánones irreales hay mujeres que se obsesionan con perseguir la perfección estética; y en esa búsqueda se olvidan de lo más importante, que es vivir, sin darse cuenta de que hay cosas que seguro no vuelven. Esa ecuación no funciona. A mí no me ha funcionado. Que no nos cuenten más historias. La celulitis, la flacidez y los kilos de más no deberían medir nuestro grado de satisfacción o felicidad. Por eso me encantaría que con este libro dejemos de juzgarnos, de sentirnos inseguras con nuestro cuerpo y que empecemos a entender que la felicidad es otra cosa.

Ojito, que yo no tengo ninguna fórmula mágica porque, como te mostraré, también he llorado cuando me he mirado en el espejo y también me he sentido insegura. He tenido complejos, he sufrido igual que tú, pero he aprendido en esta media vida que me he pasado conociéndome, conociéndoos y a dieta, que tenemos que sentirnos bien con nosotras mismas.

Ahora que he perdido el miedo, entiendo que la seguridad no te la da el cuerpo y que no somos más por tenerlo perfecto. La mujer es una mirada, es un gesto, un caminar, una manera de hablar… No es como tú seas físicamente. Si te miras al espejo y no te gustas, ¿a quién vas a gustar? De este círculo vicioso hay que salir lo antes posible, porque es una locura que no puede controlar nuestra existencia. Seas como seas, con más o menos kilos, tienes que ser feliz. Al final, lo principal es la actitud, porque es lo que te dará la fuerza para enfrentarte a la vida, que no siempre es fácil. Cuando aprendas a gustarte te darás cuenta de que todo lo demás no es importante.

Y ese ser perfectas también sucede cuando hablamos del amor. Reconozco que soy tremendamente pasional, he sufrido mucho por mi manera de amar. Padezco por adelantado antes de que ocurran las cosas y eso seguramente eran miedos. Ha sido en mi última relación cuando, por fin, conocí el amor desde la paz. Esto demuestra que he avanzado y aprendido en este maravilloso viaje, y puedo asegurar que lo hago desde lo más hondo, desde el fondo de mi alma, con una intensidad que, además, no quiero evitar. Hay muchas maneras de ser, de vivir, y esta es la mía.

Mi máxima es no callarme nada, porque lo que te callas te daña por dentro, y ese dolor no te pertenece. Aprender esto es curativo. La sinceridad y la transparencia también han sido mis grandes compañeras.

A mis cincuenta me quedan muchos capítulos en blanco por escribir y más de una pregunta sin respuesta, pero tengo claro que quiero seguir aprendiendo. El bagaje es amplio y, aunque una ya sepa muchas cosas, sobre todo lo que no quiere, dónde o con quién no quiere estar, sigue dando cada día pasos en este mundo tan complejo de inseguridades y remordimientos en el que las mujeres tenemos que vivir. Quizá es por eso por lo que muchas se acercan a mí, porque me es fácil ponerme en su pellejo.

Ojalá entre todas podamos cambiar algo y entender que no tenemos que competir con nadie, que no tenemos que vivir la vida queriendo ser otra persona, que no nos debe importar lo que nos cuenten, ni seguir unos cánones determinados, porque estos no nos van a proporcionar la felicidad. Somos únicas e irrepetibles, seamos como seamos. Si algo he aprendido que quisiera enseñarte en este libro es que la felicidad ni tiene talla ni tiene edad.

1

CUANDO NO HAY TALLA PARA TI

Tenía catorce años y estaba feliz porque iba a acudir por primera vez a una fiesta de fin de año con amigos. ¿Quién no se acuerda de esa primera Nochevieja?

Era una celebración en *petit comité* que había organizado en unos salones comunes que había en el edificio de nuestra casa de Huelva. La idea era juntarnos unas cuantas amigas y que cada una llevara tres o cuatro amigos más. Yo acababa de llegar de Suiza, donde estaba estudiando, y ya entonces mi cuerpo era como era…

A mi madre, que se dedicaba a la moda, le hablaron de una tienda en Sevilla a la que ir para comprarme un vestido especial para la ocasión. Y allá que nos fuimos las dos.

Ella ha sido y sigue siendo un espectáculo de guapa. Era el ideal de belleza de la época y yo una niña que a mis catorce años tenía una talla cuarenta y cuatro. Y con eso te lo digo todo.

Lo que experimenté en aquel episodio y lo que te relato lo he vivido en mis carnes. Fue en ese momento cuando empezaron mis dificultades con el sobrepeso, y no de buenas maneras, como verás.

Imagínatelo, era una tienda en la que todo te entraba por los ojos desde el primer segundo. Yo me veía dentro de aquellos vestidos y era feliz, pero estuvimos poco tiempo. La dependienta al vernos se dirigió a mi madre con mucha educación y le preguntó qué necesitaba:

—¿Un vestido para usted? —le dijo.

—No, para mí no; es para mi hija —respondió mi madre.

—Para ella no hay nada —contestó la dependienta tajante.

Observé la escena de reojo, como si la historia no fuera conmigo, como si la protagonista no fuera yo, PERO ME DOLIÓ. Me sentí despreciada, y eso que todavía era una niña. Mi madre me agarró de la mano, le dijo a la señora que no necesitábamos nada más y nos fuimos. Esa fue mi suerte, ese día y el resto de mi vida, que mi madre —siempre que lo he necesitado— nunca ha dejado de darme e ir conmigo de la mano. Incluso cuando he sido bien mayor. Todo lo contrario de lo que les ha pasado a otras personas, cuyas vivencias, que me han contado durante años, me han impactado.

Siempre me han llamado gorda

Si hay algo que he aprendido con el tiempo y la experiencia, propia y ajena, es que con la gordura no hay empatía. A las personas gordas se las señala, se las aparta y se las limita para cuestiones que los demás no se pueden ni imaginar. La vida se les pone muy cuesta arriba.

No recuerdo bien si encontré mi vestido en Don Algodón o en alguna de las tiendas en las que mi madre trabajaba, lo único que sé es que tuve mi vestido de Fin de Año. No era espectacular, pero a mí me valió para disfrutar de aquella noche.

Tratando de convencerme llegué a decirle a mi madre que no pasaba nada si no iba a la fiesta, que existían cosas que me hacían más ilusión y que tampoco me iba la vida en ello. Pasado el tiempo, cuando analicé aquel momento, reconozco que pasé un poco de pudor y de vergüenza, aunque no fuera del todo consciente.

Aquella experiencia la olvidé. Nunca más estuvo presente en mi día a día y mucho menos en mi rutina, pero es curioso, porque hace poco, en un evento en el que tenía que hacer un vídeo, sentí algo y mi mente recordó aquello como si hubiera pasado el día anterior. Recordé cómo era la tienda, incluso a la dependienta, y lo espectacular que estaba mi madre. Y su mano agarrándome, eso no lo olvido. Jamás. Las manos pueden llegar a ser milagrosas. Curan almas incluso antes de quebrantarse.

Al volver a hablar de ello, la gente se quedó impactada y a mí toda la situación me dejó pensativa. Mi cabeza había dejado enterrada durante décadas aquella vivencia, pero seguía dentro de mí.

**El pasado siempre vuelve y te recuerda
que hay que seguir aprendiendo.**

Me han llamado gorda toda mi vida. No recuerdo la primera vez que lo hicieron, simplemente sé que ocurrió y que siguió ocurriendo. Por eso es tan importante tener carácter y que te impriman valores pronto. Mi abuela me decía aquello de que te tiene que entrar por un oído y salirte por el otro. Y me lo he aplicado desde pequeña. A la gordura y a los muchos desafíos que me han ido poniendo en el camino. Con el tiempo descubres que la vida es tuya y la tienes que vivir para ti. Pero sé que para muchas personas vivir esto es una tragedia y más cuando te sucede siendo una niña. Hoy, con mi edad, tampoco sé si lo viviría igual o de alguna otra manera.

Cuando eres una cría te enfrentas a ese juicio, a ese rechazo, a no cumplir con las expectativas sociales. Estás creciendo y tu personalidad se está forjando. Eso lo cambia todo y hace que ciertas experiencias se puedan convertir en traumáticas y lleguen a condicionarte. ¿Te ha pasado a ti?

2

LA IMPORTANCIA DE LAS RAÍCES

Para saber quiénes somos es importante mirar atrás y no perder de vista de dónde venimos. Debemos revisar el pasado para saber cómo comenzó todo. De ahí nos vienen profundas heridas, pero también grandes fortalezas.

Yo tuve una infancia extraña. Mi madre se quedó embarazada sin estar casada. Era prácticamente una niña y se lo ocultó a sus padres. Estaba muy flaca, se ponía blusones y debía tener poca barriga, porque logró ocultar todo su embarazo. En mi caso eso hubiera sido imposible.

Mi padre había comprado la empresa de autocares Damas y además era presidente del Recreativo de Huelva. Mi madre era, como he dicho, una belleza y venía de una familia humilde. Trabajó desde los quince años. Primero fue modelo y después se colocó como dependienta en las mejores tiendas de ropa de Huelva.

Cuando mi padre la veía pasar por la calle Concepción «se le caían los palos del sombrajo» y se enamoró. Aunque creo que ella ya le había echado el ojo antes. Ya estaba enamorada de él.

Mi madre no había tenido ningún novio ni historias anteriores. Tenía solo dieciocho cuando lo conoció y no sabía nada de él. Hoy conoces todo de cualquiera, pero entonces las cosas funcionaban de otra manera. Sabía que se llamaba José Luis y poco más. ¿Te imaginas algo así ahora?

Me tuvo con veinticinco años. Cuando llegó el momento decidió irse a Sevilla a dar a luz sola. Es curioso porque se alojó en un hostal que estaba al lado de donde luego viviríamos Manuel y yo muchos años más tarde. ¡Cómo es la vida, en ese mismo hostal! Está tan llena de casualidades que asusta. Cuando te quieres dar cuenta todo está conectado, como si cada acontecimiento, cada cosa que ocurriera sin sentido, por muy inesperado que parezca, tuviera un porqué.

Lo que mi madre pensó es que si contaba que estaba embarazada iba a ser un infierno, pero si llegaba con un bebé recién nacido, sus padres tendrían que aceptarlo sí o sí; ya sería demasiado tarde para tomar cualquier represalia. Y así ocurrió. Mi madre regresó a Huelva, a su casa, a la de mis abuelos, conmigo en los brazos.

Mi padre no estuvo en el parto, creo que no me conoció hasta unos días después. He vivido sin él, pero lo he querido más que a nadie en el mundo. Yo me quedé a vivir con mi madre y mis abuelos hasta los nueve o diez años, en una aparente normalidad, al menos ante mis ojos. Todo era raro en mi vida, pero jamás me traumatizó.

Feliz con lo que tenía

Mi padre iba y venía de Madrid a Huelva. Nunca se casó con mi madre, ellos tenían su relación... y mi padre otra paralela. Un escándalo en aquella época. Yo no tenía ni idea, y mi madre, cuando empezaron a salir y se enamoró de él, tampoco. Se enteró después, pero ya estaba hasta las trancas. Lo amó mucho para no bajarse nunca de ese carro ni echarle jamás nada en cara, y además trasmitirme siempre esa pasión por mi padre.

Hoy te quiero contar algo que a lo mejor te parece sorprendente. Hasta que no cumplí los diez años nunca vivimos juntos los tres. Él me recogía en la puerta de casa de mis abuelos y me iba con él unas horas.

Yo lo veía muy de vez en cuando, podía estar meses sin pisar por allí, pero siempre estuve muy agradecida, fuese más o fuese menos el tiempo que pasara conmigo.

Tengo recuerdos de que me compraba muchas cosas o juguetes cada vez que venía a Huelva. ¡Me gustaba tanto estar con él! Le disfrutaba el ratito que fuera. Sin más. Siempre lo admiré. Nunca le reproché que no estuviera conmigo. No sabía si aquello era normal o no, esa era mi vida y punto. No había nada más que hablar ni otras preguntas que hacer. Tenía el mejor padre del mundo que aparecía cuando podía y una madre viviendo el amor a su manera. Pero yo era feliz, se iba papá y estaba mamá.

Hay que agradecer lo que uno tiene y no pretender poner el acento en las carencias, que siempre van a existir, estés en la situación que estés.

Es cierto que pasaba las Navidades sola con mi madre y mis abuelos, pocas veces estuvo él, pero entendía que debía ser así. Para mi madre él siempre fue su prioridad. Había veces que hasta me dolía porque aparecía y era él, él, él y después él. Pero ojo, que aunque no tuve una infancia al uso, valoraba lo que había y no lo que me faltaba. Una cosa es que viva las experiencias con optimismo y otra que no haya tenido carencias. Sé de mis vacíos y me hago cargo de ellos. Nunca he conocido a mis abuelos paternos, por ejemplo, sin embargo, siempre he estado muy cerca de mis maternos.

La Vicky de hoy es producto de todo lo que tuve y de lo que no. De valorar lo que me dieron y de pelear por lo que tengo.

Mi madre y mis abuelos fueron maravillosos. Recuerdo especialmente a mi abuelo, que tampoco lo era en realidad, sino la persona con la que se juntó mi abuela cuando perdió a su marido. Me llevaba y me recogía del colegio, íbamos al parque, me compraba las chuches...

Los fines de semana los pasaba con mi madre. Me sentía muy unida a ella. Mamá tenía muchos sueños, pero venía de una familia modesta. Le hubiera gustado bailar flamenco o hacer *ballet,* hablar inglés, también amaba la pintura, pero nunca pudo cumplir ninguno de ellos. La vida no le dio esa opción porque tenía que trabajar. Por eso quiso que los cumpliera yo.

A los cinco años comenzó mi andadura de actividades extraescolares y formación. A los catorce acabé piano. Profesora de pleno. Aparte iba a *ballet,* a flamenco... Era una cosa de locos. Me dediqué a ser lo que a mi madre le hubiera gustado, pero yo también lo disfrutaba porque tenía muchas inquietudes y me encantaba estar de aquí para allá todo el día. No hacía la vida normal de una niña de mi edad, pero no me importaba.

Sé que perdí unas cosas y gané otras. La vida misma ya desde la infancia.

Aquí donde me ves, con este carácter, fui, sin embargo, una niña buena, tranquila y fácil de llevar. Era una cría ejemplar. Algunas vecinas y otras niñas me decían que por qué no bajaba a jugar con ellas al elástico. Pero es que entre tanta actividad no tenía tiempo, y también, para qué voy a seguir escondiéndolo, porque me daba miedo. No sabía hacerlo, nunca había jugado porque estaba a otras y porque, al estar gorda, no se me daba bien. Me daba vergüenza saltar.

Cuando yo tenía casi diez años, mi madre dio a luz a Rocío, mi hermana. Hasta ese momento vivíamos en Las Colonias, un barrio humilde de Huelva. Para ser exactos, a siete portales de la plaza de toros. Luego mi padre compró un piso en un edificio que se llamaba Lusitania. Era el lujo más absoluto que se conocía, unos pisazos con piscina en el ático y zonas comunes. Mi padre decidió comprar uno para que nos mudáramos cuando mi hermana hubiese nacido. Y así fue como comenzamos otra etapa de nuestras vidas.

Mi madre, con su sueldo de dependienta, estaba tan agradecida a sus padres que quiso comprarles otro y se los trajo a vivir al tercero. Mi abuela era exquisita y respetó su relación, pero nunca tuvo debilidad por él, la verdad. Eso que quede claro. Papá estuvo en mi comunión y en otros momentos importantes de mi vida. Por entonces comencé a verlo más, aunque tampoco mucho, no nos vengamos arriba. Todavía me emociona pensar en aquella etapa.

Luego vinieron vivencias que fueron un regalo de Dios, como irme a estudiar a Suiza con catorce años. Sé que a muchísimas otras personas sus padres no les podían facilitar ese tipo de educación. Hace más de tres décadas mandar a un hijo a un colegio interno y que volviera hablando inglés era algo impensable para la época. Yo tuve ese privilegio, uno más de tantos.

Anécdotas de mi niñez

Mi padre tenía dos familias y pasó mucho tiempo hasta que me enteré. Primero nació Marisa en Madrid, luego yo en Huelva. Después José en Madrid. Cuando yo tenía nueve nació mi hermana Rocío en Huelva y al año siguiente David en Madrid. Una locura. Mi padre llevó dos vidas. Dos mundos. Dos familias… hasta que se quedó con mi madre. Aunque ellos le disfrutaron más porque él vivía en Madrid en el mismo hogar.

Llegó un momento en que mi padre dejó a su mujer, pero no para venirse a vivir con nosotras. El día a día como una familia normal llegó mucho más tarde y por temporadas. Él nunca dejó a una familia por la otra. Después de la vida que habíamos llevado no habría tenido sentido que al final hiciera algo así. Mi padre era otra cosa y su vida también.

Tengo grabada en mi memoria una anécdota de mi niñez como si fuera ayer y eso que han pasado décadas. Mi padre por entonces era propietario de unos hoteles en Punta Umbría, en Huelva, el Pato Amarillo y el Pato Rojo. Puede que tuviera unos ocho o nueve años. Estaba en la piscina con Manuela, la señora que me cuidaba cuando él estaba por allí. De pronto vi a un niño que era igualito a mí. Me impactó tanto que empecé a pegarle gritos a Manuela. Ella, que lo sabía todo, al ver la situación, me sacó de la piscina y nos fuimos para casa.

Años después, estando ya en Suiza, le escribía cartas a ese hermano imaginario, porque había visto a un niño que era igual que yo.

Fue con dieciséis o diecisiete años cuando supe de verdad lo que pasaba. Y no porque mi padre me sentara y me lo explicara, que lo hizo, sino porque la vida ya me había ido dando avisos desde mucho antes. Pero las cosas ocurrieron despacio, sin forzarlas, casi de manera espontánea. La verdad es que fue muy curioso.

Con esa edad recuerdo una primera conversación con mi padre en la que encajé las piezas de lo que había vivido en aquella piscina de Punta Umbría muchos años antes. Luego pasó algo más definitivo. Un día, estudiando la carrera en Madrid, fui a una fiesta. Estaba en la barra para pedir algo cuando me giré y vi a ese mismo chico, era como volver a ver a aquel niño de la piscina. Nos miramos, no dijimos palabra y nos fuimos cada uno por nuestro lado. Se lo conté a un primo mío que también se encontraba en la fiesta y me lo confirmó:

—Es tu hermano.

No fui capaz de decirle nada. Entendí que tenía sus tiempos y los respeté. También es cierto que me dio vergüenza hablarle.

Seguía sin conocer bien toda la historia, él era mi única referencia, el niño de la piscina a quien escribía cartas, al que quería conocer y al que ya quería, aun sin saber nada de él. Después, con el tiempo, me fui enterando de todo. Que tenía una hermana mayor y otro más pequeño, y entre ambos estaba José, el chico del bar, que estudiaba en una universidad americana y que nos llevábamos menos de un año.

Un día, ya conviviendo más con mi padre en el campo, nos juntamos todos mis hermanos en casa. Fue un regalo porque comenzamos a tener un trato maravilloso. Eran sus hijos y me encantó conocerlos. Nos íbamos juntos al Rocío y hasta en una ocasión la madre de mis hermanos vino a comer con nosotros. Todos juntos. Los cinco hijos y las dos mujeres.

Seguimos manteniendo esta relación, salvo con mi hermana de padre, con la que fluyen menos las cosas, pero reconozco que los quiero a todos igual.

Mi madre dice que soy un calco de mi padre. Mi hermano José también se le parece físicamente. He heredado muchas pasiones suyas como el boxeo, del que te hablaré más adelante, el fútbol y los toros. Me enseñó tantas cosas sin apenas estar a mi lado. Cosa rara, pero es la verdad.

A mi madre no te la puedes perder. Es infinitamente mejor que yo. Ella se adapta a todo y ha nacido para hacer feliz a la gente. No guarda rencor a nada, aunque haya sufrido momentos horribles, siempre es capaz de dar, de entregarse, de no reprochar. Es una titán. Me sorprende cómo ha pasado estos trece años desde que mi padre no está. Es muy especial, una señora en el sentido más amplio. La admiro por su sensibilidad y su saber estar. Es una mujer que trasmite paz, a la vez es incansable, y su percepción de la vida es alucinante. No hubiera podido ser de otra manera para estar al lado de mi padre durante cuarenta y siete años. Algo tiene el agua cuando la bendicen. Cómo sería esa hembra para que mi padre, desde el día que la conoció, no la soltara.

Mis amigos también son hogar

Siempre se dice que la familia te toca y que los amigos se eligen. Y es verdad. Nadie te obliga a ser amiga de nadie y a la inversa tampoco. ¿Hay algo más libre? ¿Hay un compromiso de amor y de lealtad más apasionante? Ocurre también con la pareja. Y como dice el verso de una sevillana, si los amigos no están es «como si le faltara la primavera al camino». Son un seguro de vida, el bálsamo para todo. Con algunos me sucede algo fantástico: saben más de mí que yo misma, porque juntan lo que yo les cuento con lo que ellos ven. Eso es maravilloso. Es cierto que por el ritmo de vida que llevo he priorizado otras cosas. No sé si solo me pasa a mí. Voy tan rápido y tengo tanto que hacer que cada vez es más complicado encontrar un momento para verlos, sobre todo en determinadas épocas.

Reconozco que más de una vez yo he descuidado la amistad por entregarme en exceso al trabajo. Luego he entendido que al hacerlo me faltaban muchas cosas. Con treinta años le daba muchísima prioridad a mis amigos, a mis cenas y a mis fines de semana con ellos, compartiendo, yendo y viniendo. Después ya empecé a tener cada vez más y más trabajo y los problemas se multiplicaron. Mi vida laboral fue robando cada vez más espacio de mis días, y cuando me quise dar cuenta me había quitado demasiados.

En mi caso el problema es que el trabajo también me llena, y mis horas son pura locura. ¿Mi vida podría ser mejor? Sí. La mía y la de cualquiera. Cualquier persona seguro que podría tener una vida mejor que la que lleva, pero el orden de las cosas es ese. Estamos todos en esa vorágine.

Evolucionamos a relaciones cada vez más superficiales, lo que implica perder cosas y eso nos genera vacíos. La propia rutina nos pasa por encima. Me duele reconocer esto, pero es cierto: antes estaba más unida a mi gente, aunque mis amigos de siempre siguen estando ahí y son sagrados.

Cada vez nos dedicamos menos tiempo, tendemos a vidas caóticas, nos enfocamos a lo que tenemos que hacer, pasan las semanas y de pronto nos damos cuenta de que hablamos con nuestros amigos cada vez menos. Solucionamos con los mensajes muchas cosas, pero perdemos ese contacto de voz que da pie a otras experiencias, a saber de verdad qué está ocurriendo en la vida de ellos.

Pasa igual con la costumbre actual de felicitar las Navidades y los cumpleaños con un mensaje. La detesto. Yo si quiero a alguien, le llamo.

**Nos estamos dejando demasiadas
cosas en el camino.**

Me da rabia ser tan consciente de lo mal que lo hago para cuidar la amistad y luego acabar cayendo de nuevo en dejar que pasen cuatro días sin hablar con mis mejores amigas o diez con mis amigos más cercanos.

Pero este abandono ocurre en otros muchos aspectos. Tenemos demasiadas obligaciones y problemas que solucionar, nos estamos equivocando, aunque es difícil cortar estando dentro de ese círculo vicioso. ¿En qué momento vamos a replantearnos esto? ¿Cómo lo frenamos? Igual nosotros como individuos podemos parar, pero como sociedad lo veo difícil. Se nos está olvidando preguntarles a las personas que tenemos al lado cómo están. Nos cuesta profundizar, vamos a lo nuestro. No se tratan problemas ni los temas importantes, no hay esa preocupación, tendemos a escuchar cada vez menos.

Hoy, si te das cuenta, no convivimos ni las propias familias, vemos poco a nuestros padres y a nuestros hermanos, nos estamos perdiendo los unos a los otros. Hemos elegido un tipo de vida que nos lleva por el camino del individualismo en el que prevalece la ambición por conseguir cosas materiales.

3

EL EFECTO YOYÓ Y UN PUNTO DE INFLEXIÓN

Siempre he padecido el efecto yoyó, ha sido como la noria de mi vida. Tal vez te ha ocurrido lo mismo y te identifiques conmigo al leerme.

Mi cuerpo me ha obligado a cuidarme mucho y a la mínima que no lo he hecho me ha mostrado las consecuencias. Así ha sido siempre. Me he cuidado y descuidado, iba y venía como me daba la gana. Igual estaba seis meses en un gimnasio entrenando a tope y los seis siguientes pasaba de todo.

A pesar de que sabía lo que tenía que hacer y cómo hacerlo —como nos pasa a todas— me costaba horrores. Lo repito una vez más: soy una mujer de excesos. ¡¡En todo!! Te quiero o no te quiero. O me gustas mucho o no me gustas na. Eso, eso del término medio que a mí se me da tan mal.

Si quiero, lo quiero todo

Ser así es complicado porque el orden llama al orden y el desorden también llama, con letreros bien luminosos, al desorden. Y tu cuerpo te lo va haciendo pagar sin tregua.

Hace muy poco viví el episodio más bestia en este sentido. Y también el más feliz. Las contradicciones de la vida, que nos van marcando el camino. Me mudé de país por amor. No hay mejor motivo para hacerlo, y más cuando nadie había conseguido que tomara una decisión como esta en los últimos veinte años. No había convivido con ningún hombre desde que me separé de Manuel Díaz. Me fui con todo y feliz a Lisboa.

En ese momento estaba cumpliendo con escrúpulo una rutina deportiva. Hacía boxeo cinco o seis veces a la semana y me cuidaba muchísimo, algo que no me había ocurrido nunca. Eso no quiere decir que no me pegara homenajes, que también. Es la vida. Y yo —lo confesaré una y mil veces— soy muy disfrutona. Pa eso tengo las ideas bastante claras. Pero cuando me mudé y comencé a vivir en pareja mi rutina se tambaleó. Conciliaba también mi vida laboral y los viajes. Tuve la gran suerte de que a la persona con la que elegí estar le apasionaba comer, por lo que ambos compartíamos devoción. El resultado fue que cada vez más la balanza del deporte empezó a descompensarse y a inclinarse a entrenar solo un día a la semana. El resto no hacía nada, y lo mismo me pasaba con la alimentación. Antes comía sano de lunes a viernes, pero al poco tiempo era solo un día o ninguno.

Viajábamos mucho y me metí de lleno en un maravilloso desorden que me hizo inmensamente feliz. Un desorden que quería, y que por primera vez me hacía tanto bien.

Antes de que llegara la pandemia ya había entrado en una dinámica imparable de caos total en cuanto al deporte y la alimentación. Cuando la covid-19 apareció en nuestras vidas, me abandoné del todo y dejé de quererme. Sí, sé que ese bucle de felicidad, de no pensar en nada y dejar de cuidarme me llevó a un punto en el que de pronto me costaba respirar. Me miraba al espejo y me preguntaba: «¿Qué está pasando conmigo?».

Esa realidad tampoco me suponía un problema porque había aprendido a gustarme en todas mis versiones, y esta era una más. Estaba a gusto, nunca había sido infeliz por el peso y siempre había defendido a esa mujer que veía en el espejo.

Hasta que llegó el día que marcó un antes y un después en mi vida, e incluso me atrevería a decir que en las personas que estaban a mi lado. Me encontraba de vacaciones en Punta Cana con mi novio y nuestros hijos y también con mi madre y mi hermana. Me sentía en la misma gloria tumbada en una hamaca cuando, de pronto, al querer levantarme para ir a tomar un baño, no pude, era como si de repente fuera una persona mayor. Ese momento, ese simple gesto para el común de los mortales, fue absolutamente determinante para lo que vino después.

La verdad es que ya me venían pasando cosas que no quería ver, como esas dificultades respiratorias de las que te he hablado, no poder cruzar las piernas, tener problemas para dormir... La realidad es que vivía con una mochila de veintidós kilos todos los días y a todas horas.

Recuerdo la conversación con mi madre; ella, que nunca jamás se había metido en nada, no dijo ni una palabra más alta que otra ni hizo la mínima alusión al kilo de más o de menos que podía tener en to lo alto. Casi en silencio, como quien no quiere hablar, aunque sabes que está todo por decir, me confesó que estaba preocupada, que creía que tenía que mirarme, que contara con ella para cualquier cosa. Que si necesitaba que se viniera a vivir conmigo, lo haría: para cocinar, para salir a pasear, para lo que fuera necesario.

Con mi pareja también hubo un antes y un después desde que me levanté de aquella hamaca en Punta Cana.

—No tienes que hacer nada —recuerdo que me dijo—, pero hay que ver qué pasa.

Puede ser que en los años anteriores no hubiera tenido ese compañero de vida, y que de pronto me sintiera tan llena que me abandoné a disfrutar, era un vámonos que nos vamos constante. La plenitud de los sentimientos, de vivir, de explorar, de no pensar.

No sé si es que dejé de quererme o prioricé la felicidad y me olvidé de lo demás. Había apostado por vivir eso, era lo que más feliz me hacía, y entré en una dinámica que acabó siendo dañina para mi salud.

Creo que las mujeres, además de estar acomplejadas y de no aceptarnos, vivimos y nos vestimos para los demás, para gustar al novio, al marido, a las personas que están alrededor. En nuestra cabeza pensamos que ellos quieren llevar al lado a una mujer impecable, guapa, delgada… Y no es verdad. El hombre cuando te quiere de verdad, te quiere tal cual eres. No hay más que hablar.

Yo tuve la gran suerte de que mi pareja me amaba, creo que hasta el día de hoy ha sido el amor más sano, más entero y más puro que he conocido. Eso hizo que no sufriera por amor ni tuviera ansiedad. Vivía la relación desde la paz más absoluta porque a él le gustaba YO.

Palabras mayores: ¿obesa yo?

Al regreso del viaje fui al médico, me hice una analítica para saber cómo estaba mi cuerpo, no solo por fuera sino también por dentro. Salieron unos cuantos valores trastocados y, por supuesto, el colesterol por las nubes. Era todo un circo.

El médico fue honesto:

—Vicky, esto ya no es sobrepeso, rozas la obesidad.

—¿Obesidad yo?, cómo va a ser eso...

Fue entonces cuando entendí de golpe, y a pesar de llevar la vida entera luchando contra la báscula, que tenía obesidad. Había sido consciente de todo el proceso, sabía que iba cogiendo peso, que no me entraba la ropa, que cambiaba de talla por semanas... También me daba cuenta de que era algo imparable. Sabía todo lo que me estaba pasando, lo sabía, pero nunca había dejado de ser feliz; es más, me encontraba en una de las etapas más felices de mi vida, pero esto era otra cosa. Tenía que ponerme en manos de un especialista.

¿Cómo puede ser que ir al endocrino nos cueste tanto? El tema de los kilos, del peso, tiene un mal diagnóstico social. No lo tomamos en serio. Nos pasa a todos. Si engordas, si de pronto no te ves en tu cuerpo y sientes que se te está yendo de las manos, ¿qué haces? Buscar en internet o pedir a tu amiga la dieta que a ella le está funcionando. Si lo pensamos bien, esto no lo hacemos con ningún otro problema de salud al que nos tengamos que enfrentar. Es más, sería una auténtica locura. Si te tuerces un tobillo y te duele vas al traumatólogo, no le preguntas a tu amiga qué le ha dicho el suyo y lo haces. Si te diagnostican un cáncer, te pones inmediatamente manos a la obra para ir a un especialista e intentas buscar el mejor dentro de tus posibilidades, no esperas para ver si alguien te da algún remedio. Sin embargo, con la obesidad, que provoca enfermedades graves, nos falta voluntad y llegamos a posponer la visita al médico, pensando cada lunes en ir y dejándolo pasar porque parece que nunca es lo suficientemente importante. A mí eso es lo que me ocurrió.

Yo no me vi con veintidós kilos de ayer a hoy. Los fui cogiendo poco a poco, muchos de ellos en el último año y medio. Iba subiendo de peso en la báscula, de talla de ropa... y lo veía en el mismo espejo cada día.

**¿Cómo uno no reacciona? ¿Cómo nos dejamos tanto? Ocurre, esa es la realidad.
Y nos pasa a todos.**

Es curioso que mucha gente que me escribe por redes sociales siempre habla de ansiedad, una palabra tremenda, cuando trata este tema. Nadie te reconoce un problema genético u hormonal. Es verdad que con la ansiedad te da por comer y no por ir al gimnasio... Este es un problema del que debemos hablar aparte. Lo merece.

Cuando me di cuenta de que el aumento de peso se había convertido en un problema decidí acudir a un profesional. Fue la mejor decisión y te voy a contar los motivos. Porque se agradece sentir que te acompañan en el proceso. Porque creas un compromiso mayor con otra persona que te va asesorando, cuidando y apoyando. Porque estás controlada con analíticas para saber si la bajada de peso está siendo saludable. Porque cada avance es un estímulo. Y, sobre todo, porque no estás exponiendo de manera aleatoria tu salud.

Es fundamental no buscar cambios rápidos, pero sí que el proceso con uno mismo sea más seguro, más estable e incluso más amable. Esa sensación de estar sacrificándose constantemente con la comida, con los impulsos propios de a quienes nos gusta comer y disfrutamos, son muy difíciles de mantener en el tiempo.

Pero hay más motivos importantes para acudir a un profesional. Uno de ellos es que a ti, que me estás leyendo ahora mismo, o a mí puede que no nos funcione la misma dieta. Es más, es vital a la hora de que el profesional te la diseñe, que tenga en cuenta si sueles viajar, si te gusta salir, si tienes vida social a diario, lo que supone para ti el sacrificio prolongado... A mí, conocer todo eso me ha servido y mucho.

Cuando acudí a mi endocrino fue la primera conversación que tuvimos. Le conté cómo era mi vida, que me encantaba el dulce y la pasta, comer de todo, que me costaba hacer deporte... Es imprescindible adaptar la dieta a ti y a tu ritmo para que después de tres meses no te resulte un verdadero suplicio.

Estamos aquí de paso y tampoco podemos renunciar a vivir. Esa es la parte que más clara tengo.

Una de las grandes conclusiones que saqué al hablar con mi médico es que la obesidad no siempre ocurre porque estés mal y te da por comer. No es así, al menos no en todas las ocasiones. Y luego hay una cuestión que hace todo más complicado, que es que no hay empatía. Es un tema sensible que muchas personas transitan con dolor y les amarga la vida, les condiciona hasta límites insospechados.

Una mañana fui a hacerme la manicura. Parecía que iba a ser un día como tantos otros, pero acabó siendo uno que me marcaría. Venía de presentar un evento de Más Grande Que. La chica que me atendió se interesó por el movimiento y me preguntó en qué consistía. Le conté que queríamos concienciar que la obesidad es una enfermedad que no se soluciona solamente comiendo sano y haciendo ejercicio. Me escuchaba con mucha atención. Yo le hablaba del tema con normalidad, vamos, como soy yo. Era una chica «con su peso» y en medio de la conversación le pregunté cómo lo llevaba, y cuál fue mi sorpresa cuando de pronto rompió a llorar. No entendía muy bien lo que le estaba pasando. Me dijo que le parecía alucinante que hablara del tema de la gordura sin vergüenza, sin prejuicios, con tanta tranquilidad. Que me entendía perfectamente en lo de la lucha tan tremenda con la báscula, y que en su caso era un drama.

Vivía con un hombre que tenía obesidad —debía pesar unos ciento veinte kilos según me confesó— y su vida se había convertido en algo complicado. Poco pasaba entre ellos en la intimidad, porque la situación lo hacía muy difícil. Me decía que lo amaba, pero que su relación estaba muerta porque era inviable, y que se había dejado arrastrar y también había engordado. Cuando hablaba con su madre le decía que estaba gorda... ¡Su propia madre! La chica me contó que se sentaba ocho o diez horas a hacer las uñas y cuando volvía a casa se encontraba a su pareja con esa enfermedad. Que no comía mal, pero que también había cogido peso y ni siquiera sabía por qué. No viajaban y apenas salían porque se sentían señalados por la calle; cuando intentaban hacer algo, los miraban. Esto es una realidad. Ocurre. Es verdad que hay muchas enfermedades, pero la obesidad pasa desapercibida, en su caso no habían ido ni al médico porque no eran conscientes de que sufrían esta enfermedad tan compleja, aunque les estaba arruinando literalmente la vida. Aquella historia me sobrecogió.

Volví tiempo después y me llevé una gran sorpresa cuando me contó que, después de hablar conmigo, su marido había perdido cuarenta kilos y ella otros tantos. Él vino a recogerla y me dio las gracias. Me dijo que les había cambiado la vida, que habían ido a un médico y que su vida era otra. Se habían casado y hacían cosas que antes no se atrevían. No podía ser más feliz cuando me lo explicaban. Siempre digo que la hora más oscura de la noche es la que precede al alba.

Hay gente a la que le cuesta más y a otra menos, pero siempre hay luz y a veces necesitamos tener cerca a la persona indicada. La vida es una cadena, no hay que olvidarse de eso, y hay que contribuir a que sea eterna. ¡Cuántas veces me acuerdo de mi madre y de las veces que me ha dado la mano con firmeza! ¡Eso lo cambia todo!

¿Conoces a alguien de tu entorno que tenga obesidad? Un día hice esta pregunta en mis redes sociales y causó mucho revuelo. Dije que si era así, pensaran que esa persona seguro que se sentía sola, que se la señalaba, que no le daban una oportunidad, que se la juzgaba, que no sabíamos cómo se sentía. A veces hay detrás un problema genético, hormonal, cuestiones muy difíciles de combatir, ¿qué culpa tiene ella entonces?

Qué duro es salir por la puerta de tu casa y tener que enfrentarte al mundo solo, sin que nadie te acompañe, mirándote en un espejo día tras día. ¿Podrías imaginar tu vida siendo una de estas personas? Piénsalo bien, igual tienes un amigo con obesidad y nunca te has preocupado por saber cómo está ni lo que siente. Eso sí, si tenemos uno con cáncer no lo dejamos ni a sol ni a sombra.

Soy embajadora del movimiento Más Grande Que —promovido por Novo Nordisk y la Sociedad Española para el Estudio de la Obesidad— para intentar concienciar sobre los problemas de la obesidad, tanto en las personas que lo sufren como en la sociedad. Cada dos semanas cuelgo alguna publicación en las redes sobre este tema y son muchas las mujeres que se ponen en contacto conmigo. Me asusto de las cosas que leo. Son sobrecogedoras. La crueldad que se sigue viviendo es horrible.

Hay quienes me piden ayuda porque el sobrepeso se ha apoderado de su vida hasta el punto de no poder ni querer salir de casa. Viven el rechazo no solo de la sociedad, sino de sus propias parejas y familiares. Una cosa es decirlo y otra pasarlo. Esto no se debería vivir, pero ocurre.

¿Te has parado a pensar en la cantidad de chistes sobre gordos que hay? No podemos seguir haciendo la bola más grande ni ser cómplices. Hay muchas personas que se miran al espejo y se rechazan, y el simple hecho de salir de su zona de confort les resulta un infierno. ¿Te lo imaginas? También las hay que me cuentan que han engordado diez kilos y los han vuelto a bajar y les da igual. Eso es estupendo, pero no a todo el mundo le pasa así. Hay que encargarse entre todos de esto, no podemos desentendernos.

Sé que no es fácil y que cada uno tiene sus problemas, y eso lo marca todo. Cuando tú estás mal o cuando no tienes para dar de comer a tu hijo, ¿cómo te vas a preocupar de ti? Es más sencillo contar mi historia desde mi posición —también sé que otros lo tendrán más fácil que yo—. Soy consciente y empatizo con las dificultades de los demás. Me lo enseñó mi padre. Hay vidas muy duras que marcan y condicionan. Sé que muchas mujeres se identifican conmigo, pero creo que lo importante es identificarse con ellas mismas. Saber de verdad lo que les ocurre e intentar desde ahí ayudarlas. Por eso este libro va de historias reales. La que he vivido en mis carnes y las historias de las mujeres que se han acercado a mí.

4

DE VIVIR PARA COMER A COMER Y SER FELIZ

Cuando me vi con más de veinte kilos me puse muy seria con el tema. Tuve que plantearme perderlos poco a poco, desde la paz, sin prisas, para no caer en la desidia de encontrarme con un objetivo inasumible que me llevara a dejarlo a la primera de cambio.

Al empezar pensaba que el proceso iba a durar una eternidad. Pesaba noventa y cinco kilos, era una locura, y el reto de perder unos veinte, también. Lo primero que hice fue poner el foco en bajar del nueve. Aceptar esto era esencial, tenía que ir poniéndome metas cortas porque si quería conseguirlo en poco tiempo, sabía que iba a fracasar. Esta idea también se puede trasladar a los anhelos profesionales: se puede soñar a lo grande, pero es más sensato hacerlo paso a paso y marcarte objetivos que se puedan cumplir.

Cuando llegué a los ochenta y nueve kilos me dije ¡vamos a por los ochenta y dos, que están cerquita de los ochenta! Y así sucesivamente... El proceso fue largo, aunque he ido sin prisa, pero sin pausa.

A mi estómago le cabía todo lo que le echaran. Comía por cinco, pero como por cinco hombres. Ahora tenía que ir educándolo. La dieta que me recomendó mi endocrino fue llevadera, me tomaba mi té, mis zumos, las tostadas con aguacate, fruta, pasta para comer algunos días, nunca para cenar, antes sí que lo hacía... poquitas cantidades pero sin pasar hambre, una sola pieza de fruta al día, bebía agua...

Y con el hambre, ¿qué hacemos? Sé que más de una lo está pensando, pues contar hasta diez y entender que todo está en la cabeza.

Hoy por fin me estoy dando cuenta de que llevo toda la vida luchando contra el peso. También por eso sé que las dietas milagro no valen. Lo he vivido en mis carnes y he pasado por todas ellas. Con pastillas y sin pastillas, el régimen de los bocadillos, el de la alcachofa... Parece mentira, pero así es. Estos años de vivencias son los que me han llevado a poder contarte que el gran misterio, el gran truco de la alimentación, es el equilibrio. Lo único que funciona y es duradero es reeducar al cuerpo, darle salud y buena vida. Es entonces cuando se establece una gran relación entre ambos, cuando el diálogo es de verdad y él también aprende a respetarte.

Pendiente de la báscula

Podría empezar a contar todas las dietas que he hecho y no parar. La gente que me conoce desde niña lo sabe. He sido una auténtica loca, y aunque una va aprendiendo con el tiempo, echo la vista atrás y me pregunto: ¿en serio, Vicky? Pues así, tal cual.

Ya te he dicho que el efecto yoyó más grande del mundo es el que he tenido yo. Sin parar. He subido veinte kilos, los he bajado y he vuelto a subir quince. Así siempre desde que tengo recuerdos. Por eso sé de lo que hablo, porque ha sido el patrón de mi vida.

Conozco a amigos que necesitan pesarse todos los días para llevar un orden y un control porque así les va bien. A mí, no. Esto es como todo, cada uno debe tener sus normas y saber lo que le funciona. La báscula me condiciona demasiado porque, si llevo unos días sacrificándome en las comidas y veo que no hay recompensa en el peso, me desmotivo un montón. Puede que no haya bajado por una cuestión de retención de líquidos o porque esté premenstrual, por lo que sea, pero en ese momento me da un bajón de ¡venga ya! Y acto seguido es posible que me dé un atracón. No me va bien exponerme tanto. Hay quien pesándose a diario le es más fácil calibrar y rectificar si se está yendo de madre. Cada maestro tiene su librillo. Todas las opciones me parecen válidas si ninguna de ellas nos obsesiona.

Puede que lleve cinco meses sin subirme a la báscula, pero cuando el médico me ha hecho el seguimiento me he pesado de manera sistemática cada dos semanas. Ahora que estoy más libre, me guio por el cuerpo, porque la ropa me lo chivatea todo.

En este último periodo de mi vida, que es en el que me he empleado más a fondo a perder peso, ¡claro que me hubiera gustado quitármelo en un plumazo!, pero durante el camino he disfrutado, también me he dado caprichos y he vivido, que para mí, como te he dicho, es la parte imprescindible y única que hace viable mantenerte en el tiempo, que sea sostenible.

Te puedes ir a la isla de *Supervivientes* o comerte al día dos manzanas y perder mucho peso en un par de meses, pero eso no es sano, de lo que se trata es de cuidarse por dentro y por fuera. De no pasar un martirio, y de que todo sea más llevadero para poder aguantar sin sufrir.

Mi experiencia es que cuando no te educas, cuando el cuerpo no aprende, se recuperan los kilos igual de rápido que los has perdido. La conclusión es que tienes que cambiar tus hábitos de vida.

Olvida la palabra «régimen»

El primer paso es saber quién eres y cuál es tu modo de vida, y el principio de un buen aprendizaje es quitar de tu vocabulario la palabra «régimen» e incluir «aprender a comer». Sentir que puedes salir a cenar y tomarte un pescado con verdura y una botella de agua un día y otro lo que te dé la gana con dos vinos, y al siguiente, montarte en la bici y darlo todo.

Lo que hay que evitar es el abandono. Eliminar de tu mente que el esfuerzo es demasiado grande y la recompensa pequeña, y pensar entonces que no merece la pena y desistir. Eso es volver a experimentar en la piel el fracaso. Tirar por tierra y que se vaya al traste todo el camino que llevas andado. Esa es la pena. Volver al punto de partida, despreciar el sacrificio aun sabiendo que te vas a volver a sentir mal.

Nunca he estado tanto tiempo haciendo una dieta para perder peso. Sin pastillas, sin batidos, sin nada. Solo con buena alimentación y deporte. Durante el primer año perdí diez kilos y, en el verano, hiciera lo que hiciera, me despertaba a caminar, a comer, el caso era no quedarme parada. Si un día comía dulce, luego no cenaba; si una noche salía a cenar, a mediodía tomaba un pescado a la plancha. Aprendí a equilibrar, conseguí no ganar peso y eso para mí, y más en verano, era un milagro.

Cuando llegó septiembre, que es el mes que parece que nos volvemos a poner serios, había bajado de peso, pero ¿de qué manera? De la mejor: despacio, sin desesperar, sin enormes renuncias, con una de cal y otra de arena... Con paciencia y casi diría que disfrutando del proceso.

Cuando piensas —yo también— en una alimentación a base de pollo a la plancha y verduras, te quieres morir. Tenemos que quitarnos eso de la cabeza porque se puede comer de forma variada. Ahora hay cientos de libros que nos pueden ayudar para hacer miles de recetas ricas y sanas. A las ensaladas, por ejemplo, se les puede echar alimentos muy diferentes y sabrosos. Es posible hacer platos divertidos que nos alejen de la comida de hospital, que parece que estamos en la planta de cualquier hospital. Yo he perdido peso sin sufrir.

Siempre me sacrifiqué haciendo dietas, y cuando volvía a la realidad, ese esfuerzo se desmoronaba enseguida. Es evidente que si estás cinco días tomando sirope pierdes peso, pero ¿qué ocurre cuando comes con normalidad? Esta fue mi vida una y otra vez durante casi cincuenta años.

También es relevante no fustigarte. ¿Cómo he llegado hasta aquí? ¿Cómo he podido llegar a pesar noventa y cuatro kilos? Pues es lo que hay. Yo también pensaba, como seguramente muchas, en la batalla que me esperaba. Con lo difícil que es la vida, y los desafíos que tiene, me parecía una pesadilla comer de manera diferente. Y más cuando el premio era siempre la comida, como regalarte un plato de pasta tras un duro día de trabajo. Error, pero es un periodo de aprendizaje, de enseñanza.

Cuando aprender lleva toda una vida

En el embarazo me puse en to lo alto treinta kilos, y encima con la alegría tremenda de que nadie me dijera nada. Era mi momento. Alba pesó tres kilos setecientos cincuenta gramos al nacer, y yo creía que entre lo que iba a pesar la niña, más la placenta, más no sé qué y no sé cuánto, que al parir me iba a quedar perfecta. Nada más lejos de la realidad, pero durante esos meses no pude estar más feliz sin pensar en nada. Fue una época en la que me consentí y me abandoné creyendo que me lo podía permitir. No era verdad, pero es lo que hice. Luego di a luz y me di cuenta de que todo te lo quedas tú. Salí con una talla cuarenta y seis. Me tocó ponerme a régimen, como siempre. Por eso disfruté tanto el embarazo, porque me imaginaba lo que me esperaba después.

También he estado en una talla treinta y ocho. Me acuerdo de cuando Manuel me pidió la mano, fue en un festival en el que toreaba, en Almonte, en Huelva. Cuando veo la falda que llevaba —que aún la tengo guardada— pienso en cómo entraba yo ahí. Todavía no me creo que fuera mía. Yo estaba entonces superdelgada, pero por un régimen muy estricto.

Cuando lograba estar como quería, en la meta que me había marcado, volvía a comer con normalidad porque necesitaba la recompensa, y entonces todo ese esfuerzo, todo ese sacrificio que había hecho, se iba al carajo y regresaba antes o después al maldito punto de partida.

Ahora reconozco y sé que es necesario ampliar la variedad de comida. Es bueno comer legumbres, por ejemplo, se trata de crear un modelo de alimentación para siempre y no solo para unos meses. Puedes comer pasta integral con tomate y también permitirte caprichos. Yo lo hago y cuando mi cuerpo me pide algo, se lo doy. Te acabas dando cuenta de que, cuando tu cuerpo ha aprendido, no sufre esas modificaciones tan grandes y además no es sano.

También es importante hacer la compra sin hambre para evitar las tentaciones o llevar la lista hecha con lo que necesitas para las recetas que vas a cocinar. Ir a tiro hecho. Para hacer esta lista los médicos son buenísimos porque te ayudan a planificar la dieta. Mucha verdura, fruta, queso feta, pescado, frutos secos… Lo que requieras, pero evitando los helados, bollos, y todo eso que todas sabemos… Vamos, todos esos alimentos que no necesitas y que si los tienes en casa es fácil que caigas en llevártelos por delante.

Con las cantidades hay que estar igualmente atentos. Te puedes tomar un plato de pasta a mediodía y no pasa nada. En Italia la comen a diario, pero ¡ochenta gramos! El problema es que yo me podía comer un paquete sola. El resultado es que el estómago se te hace gigante, cada vez más grande.

Requiere un tiempo acostumbrarse a ingerir menos, claro, pero es cuestión de constancia y paciencia, esto es fundamental. Y cuando te entre un ataque de hambre puedes beberte un vaso de agua, pensar en otra cosa, ponerte a hacer algo diferente, pero bajo ningún concepto abrir la nevera. Hay que pasar esa tentación como sea. Todo está en la cabeza, con el tiempo las ganas acaban siendo cada vez menos intensas. Es una prueba que hay que pasar, un gran desafío, solo es eso.

Ahora me acuerdo de cuando llegaba al programa de *Channel Nº 4* con Boris Izaguirre y mis compañeros me decían:

—¿Qué es lo que más te gusta en el mundo?

—Comer —respondía yo.

—¿Y después?
—Comer —volvía a decir.
—¿Y después?
—Comer.

Y es así, es algo que tengo arraigado en mi persona. Comer es lo primero en lo que pienso cuando me preguntan, antes que en ninguna otra cosa. Siendo esta mi realidad, ya te puedes imaginar que tener que cortarme con la comida no fue nada fácil. Es el disfrute más grande que hay para mí. Ahora como, pero lo hago REEDUCADA. Por ejemplo, si este fin de semana tuviera una boda, sé que me gustaría disfrutarla y que me tomaría los vinos que fueran necesarios; otra cosa sería cuando llegara a casa. Entonces intentaría compensar para no abandonarme y que todo siguiera en orden. Hablo de una boda, de una cena o de una reunión de amigas. Hay que saber encontrar el equilibrio entre la vida, que se nos escapa de las manos, y la salud. Tienes que sentirte bien, a gusto en tu cuerpo, contenta y ser amable contigo misma.

Y entre una cosa y otra, VIVIR.

5

DE PEREGRINACIÓN EN BUSCA DE LA DIETA MILAGRO

He tenido alma de gorda toda mi vida, pero creo que al final he conseguido llegar al equilibrio. Hoy en día, y por fin, después de haberlo intentado tantas veces, he aprendido a comer sin dejar de vivir la vida, pero eso no quita que no me olvide de por qué y de cómo he llegado hasta aquí.

Ya te he dicho que me he pasado la vida a régimen y que todo lo que he hecho en cada momento he pensado que era el mejor camino y el único. Quitarme quince kilos en un par de meses me parecía fascinante. Y así lo contaba con entusiasmo a todo el que me preguntaba. Porque no me desdigo de nada de lo que he contado. Eso también forma parte de mí.

He peregrinado adonde hubiera un médico para adelgazar, he acudido a infinidad de consultas de todos los lugares, estuvieran donde estuvieran.

La primera vez que me puse a dieta fue a la vuelta de uno de los veranos en Londres. Regresé con sobrepeso y mi madre cogió al toro por los cuernos y me llevó a un especialista. No sé exactamente los años que podría tener, no creo que pasara de los diez u once. Era aún una niña. Ponerme a esa edad a régimen era complicado porque me gustaban los chuches, los dulces y todo lo que a los niños les gusta.

El primer especialista al que fui, además de ponerme a régimen, me recomendó ir a un centro de estética. Allí me colocaban unas bandas de vibración en las piernas que se ponían rojas por la circulación y me ayudaban a eliminar la grasa. También me dijo que tenía que hacer deporte, pero a mí nunca me gustó porque lo consideraba una obligación. Mi madre siempre me preparaba lo que tenía que comer —exceptuando cuando me veía bien; entonces descansaba con respecto a la dieta y me permitía algunos excesos—.

Una compañera del colegio de Suiza me habló de una famosísima dieta y me lancé a ella de cabeza. No he dejado ningún régimen por probar. Al final yo he sido la primera que me he guiado por lo que me decían y todo me lo tomaba, como soy yo, con total entusiasmo. Recuerdo otra en la que me dieron pastillas, y si un día te la saltabas, cuando ibas al baño era asqueroso porque aquello era grasa pura. A mí el tema de tomar pastillas me daba miedo, pero aquel médico al que acudí me pareció del todo fiable, así que *palante*. Me quedé muy delgada, es verdad. Fue en esa época cuando me casé con Manuel. Estaba tan flaca que el traje de mi boda era diminuto. ¡Sí, yo también he estado así! A veces miro mi vestido de novia y no entiendo cómo fui capaz de meterme en él. Hoy no soy consciente de que alguna vez estuviese así.

Reconozco que esa fue la primera vez que tomé pastillas para adelgazar porque he sido muy miedica a la hora de tomar medicamentos, y cuando me han recomendado algún régimen con pastillas, le he dado mil vueltas antes porque siempre he entendido que la salud es lo más importante. Sí, es verdad que he probado de todo, pero por fortuna con las pastillas no he hecho locuras.

Mi interés por hacer lo que fuera con tal de perder peso era brutal. Subía diez kilos, me aceptaba, y luego los bajaba. Me ponía a hacer deporte y al poco tiempo lo dejaba. No era constante. Era la pescadilla que se muerde la cola. Nunca me mantuve, esa era la tónica de mi vida. Ganaba y perdía peso de la misma manera, muy rápido.

Yo engordaba porque comía, no hay más.

Las dietas que hacía no es que fueran todas malas, pero lo que no sea después comer bien y deporte, en cuanto lo dejes, vuelves a tu peso. Me cansa la gente que asegura que come y no coge kilos. No me lo creo. Y desconfío además de a quien le pase. Ya es hora de que alguien diga que esto no es así. El que come, engorda.

El denominador común de las vueltas que daba para adelgazar era dejarme llevar solo por mis impulsos; el resto, una completa insensatez de norte a sur de España probando de todo.

Una vez también me fui a Barcelona en busca de una doctora que tenía mucha fama, con su dieta de la alcachofa; otra vez probé una dieta de proteínas que me provocaba cetosis. Como ves me apuntaba a cualquier cosa. Recuerdo de chica cuando mi madre me decía que tenía la acetona alta, y fíjate lo loca que estaba que de mayor me la provocaba yo misma. Cuántas veces no somos conscientes de lo que hacemos.

Luego estaba la del bocadillo, otra de las alucinantes. En vez de tener que comer pollo, resulta que podía cenar un bocadillo con mayonesa. Supongo que detrás de este tipo de regímenes tiene que haber algún rollo psicológico, pero, vamos, que a mí me parecían una maravilla. Me daba la sensación de que no estaba a dieta y eso es lo que no necesitaba. Porque si un médico me decía que comiera pollo con lechuga, no tenía ningún misterio; sin embargo, si me recomendaban que comiera de todo y adelgazaba, era mágico.

Hay una muy buena que la hice gracias a una doctora de Sevilla que me pautaba unos aminoácidos que cubrían mis necesidades y me quitaban la ansiedad. Esta la sigo recomendando.

El ayuno intermitente lo he practicado en alguna etapa de mi vida, aunque no soy una gran seguidora del tema. Dicen que sienta bien dejar de comer durante catorce o dieciséis horas. No sé. Alguna tarde meriendo a las seis y tiro sin nada hasta la mañana siguiente. No lo hago por seguir la dieta, sino porque me va bien dejar descansar al cuerpo. Pero, en general, yo prefiero cenar algo. El hecho de masticar a mí me da una satisfacción increíble. Esas horas muertas sin comer me parecen un suplicio. No es un gran compañero el ayuno para mí, siempre prefiero meterme algo en la boca.

También entró en mi vida el mundo de los batidos, esos que se toman sustituyendo la comida o la cena. Los quise probar para ver cómo me iban. La verdad es que en aquel momento me parecieron la bomba, pero la piel se me quedaba flácida y en cuanto volvía a mi normalidad, recuperaba peso. Eso sí, se adelgazaba muy rápido.

Me acuerdo de otra «aventura» en la que me metí. La verdad que esta fue la más loca de mi vida. Me la recomendaron varios amigos. Era un médico en Vallecas. Justo acababa de salir de mi embarazo y ya te he contado lo tremenda que me quedé, así que no lo dudé y allá que me fui. En la consulta había una báscula y poco más. Me pesaban mientras esperaba a que me atendiera el médico, con los pacientes por medio, recuerdo que tenía dos paquetes de tabaco en su mesa, no lo olvidaré. Luego nos acabamos haciendo amigos, pero esa es otra historia. Ese primer día me miró y después de estudiar mi caso me puso un régimen que para mí ha sido el mejor de los mejores porque para desayunar me tomaba una tostada con mantequilla y mermelada. A media mañana, un sándwich mixto. Tres días a la semana la comida era libre y los otros cuatro podía tomar pasta, huevos con patatas, guisos o tortilla española. Por la tarde una magdalena y por las noches, tomate, cebolla y alguna proteína. Y por si eso no fuera suficiente, te dejaba además una cena libre. No entendía nada. Y encima tenía la opción de tomarme dos *gin tonics*. Y todo esto anotado en un papel y escrito de su puño y letra, todavía lo recuerdo a la perfección. Lo único que sonaba a dieta era la cena; el resto resultaba una auténtica locura y a la vez, repito, una maravilla. Te lo juro por mi vida.

A mí me daban vueltas los ojos. Desde el minuto que conocí a ese médico lo amé. Lo convertí en mi dios. Él me decía: yo te miro y con mirarte sé que vas a adelgazar.

—Tú puedes mirar lo que quieras —le decía yo—, pero esto que comemos no es lógico. Tomar tortilla de papas, puchero con pringá o lasaña sin control no es normal.

Todos sabemos que eso engorda, y lo que uno entiende que no engorda es lo que él me mandaba de cena. Aquello fue de lo más impactante que he vivido. Lo normal es que el médico te ponga una dieta equilibrada, más o menos siempre lo mismo. Por eso, al final, todo el mundo cuando estamos «a plan» comemos parecido. Pues bien, empecé ese régimen y comencé a perder peso. Volvía a la consulta y miraba la báscula sin comprender qué demonios estaba pasando con mi cuerpo. La cosa no podía ser más loca. ¡No te estoy mintiendo, que me quedé esquelética!

En esa época hacía el programa con Boris, él me veía comer y alucinaba, claro. Las lasañas tamaño XXL caían como si nada. Una tarde me preguntó si podía ir a la consulta con todo el equipo para grabar un reportaje. Y lo hicimos. A los tres días el médico me llamó y me dijo que estaba muy agradecido por toda la gente que le había mandado, pero que, por favor, no le nombrara más. Estaba *amargaito* porque no le gustaba trabajar nada. Tras la emisión la cosa se fue de madre. No tenía citas para dar en un año y era un disparate lo que estaba viviendo. La gente llamaba de todas las partes de España. Aquello fue lo más grande.

¿Cómo funcionaba eso? Quién sabe. Yo lo hice en mi época de tocar todos los palos que se me ponían por delante, sin dejar ni uno. Pero, claro, con este último régimen hasta yo entendía que no era normal mandar que se atiborrara de mantequilla a alguien que tuviera sobrepeso.

Al tiempo volví a engordar y me ficharon como imagen de una marca, seguí una dieta bastante controlada y tuve que hacer ejercicio cuatro días a la semana. Perdí quince kilos en tres meses. Lo promocioné porque a mí realmente me funcionó y porque era la verdad, no porque me contrataran. Lo milagroso no eran las pastillas, sino la combinación de la dieta con el entrenamiento y los hábitos positivos que te enseñaban. Es cierto que había complementos que acompañaban, como un producto que tomaba antes de entrenar, pero ninguno sustituía las comidas. Sumaban, no restaban. El problema es que la vida luego te lleva por otros derroteros y cada vez te cuesta más ser constante, pero esa fue la primera vez que entendí que no estaba a régimen, sino que ellos lo que querían es que cambiara mis hábitos.

LA BELLEZA NO SE MIDE POR LA TALLA

Reconozco que las dietas han sido el tema de conversación habitual con las personas de mi entorno hasta convertirse, lo reconozco, en una obsesión, pero es que lo quiera o no es un eje del que no he sido capaz de apartarme.

Pero esa era yo. Una mujer que siempre ha querido disfrutar de todo. Con temporadas más gorda y otras más delgada, pero en unas y en otras nunca he dejado de ser fiel a mí misma. Uno no es lo que pesa, yo tengo muchas cosas en mi vida que marcan lo que soy, pese lo que pese.

Ser como he sido también me ha ayudado en el terreno profesional. En el mundo de las *celebrities* me han dado espacio y trabajo. Había mujeres en este país espectaculares y bellísimas que tenían una talla pequeña, pero con mi perfil, con mi talla cuarenta y cuatro, solo estaba yo. Lo que intenté fue darle una vuelta al asunto y quedarme con la parte buena. Eso me dio visibilidad en cuanto a las marcas. He sido un referente y he podido trabajar para muchas. Debo reconocer que mi peso y mi cuerpo me han empoderado, me han hecho única y distinta, o por lo menos eso he creído yo. No me ha restado, todo lo contrario, me ha aportado hasta convertirse en un plus. ¿Te das cuenta de que puede haber otro lado de la moneda? La vida también es maravillosa fuera de los estándares que nos venden.

Al contarte esto quiero mostrar mi verdad, quiero que quede claro que no renuncio a lo que he hecho ni por todo lo que he pasado. Me ha costado cincuenta años entender que el único camino, al menos para mí, es aprender a comer y armarme de paciencia para no verme abocada otra vez al maldito efecto yoyó, que antes o después vuelve. Y apostar por la salud a largo plazo.

La doctora Susana Monereo Megías es una de las profesionales más interesantes que he conocido. Hemos hablado mucho y me he dejado guiar bastante por ella. Habla un lenguaje que se entiende, lo que para mí es fundamental porque, en ocasiones, tratas con médicos que son muy fríos. Ella tiene una manera de meterse en tu pellejo y una empatía maravillosa para entender a las personas, y por eso la recomiendo. Estoy segura de que su testimonio te puede ayudar.

¡QUÉ DIFÍCIL ES MANTENER EL PESO!

Susana Monereo Megías
Especialista en endocrinología y nutrición

Engordar es fácil, perder peso es difícil. Pero lo que es realmente difícil es mantenerlo. Mantener el peso después de adelgazar es uno de los retos más complicados de conseguir.

Con frecuencia vemos que al cabo de semanas o meses —o incluso días— de dejar un tratamiento para adelgazar que nos ha costado un gran esfuerzo, a pesar de estar motivados para seguir cuidándonos, el peso empieza a subir y llegamos al de partida o hasta podemos superarlo.

¿Por qué ocurre esto? La respuesta nos la da la ciencia. No es falta de voluntad. Somos seres diseñados para comer y almacenar energía en forma de grasa; estos dos elementos son la base de la supervivencia, de ahí que tengamos muchos mecanismos biológicos muy potentes que los preservan.

Cuando perdemos peso, al cuerpo se le encienden las alarmas y pone en marcha todos los mecanismos posibles para recuperarlo, como bajar el metabolismo, ahorrar energía y aumentar el hambre. Sin darnos cuenta comemos más y gastamos menos, con lo cual el peso empieza a recuperarse lentamente. Si a ello le sumamos la fatiga que implica el esfuerzo constante de cuidarse, de no pasarse con la comida o de hacer ejercicio, tenemos la tormenta perfecta.

Pero aún hay más, porque a estos ingredientes hay que sumarle la desmotivación, la sensación de batalla perdida y de fracaso que ocurre cuando en la báscula vemos que tenemos de nuevo los kilos que tanto nos costó quitarnos.

Mantienen el peso aquellos que son capaces de equilibrar muy bien las calorías que comen y las que gastan, de forma que mantienen un peso estable o con mínimas variaciones durante largos periodos. Algunos afortunados tienen una genética que los acompaña de manera natural, yo diría que de estos hay pocos. El resto son personas que, de modo consciente y con voluntad de cuidarse por encima de todo, son capaces de hacerlo. Comen controladamente y, si se pasan, lo compensan comiendo menos por el día o durante la semana. También utilizan el ejercicio para contrarrestar un aumento puntual de la ingesta, por ejemplo, yendo al gimnasio o dando un buen paseo después de una comida en lugar de dormir la siesta, o bien utilizan el deporte para poder comer más. No hay una dieta mejor que otra, lo importante es comer con un patrón de alimentación saludable que se adapte a nuestro tipo de vida.

Lo que está claro es que hoy en día, sin estar pendiente del peso y del cuidado de la alimentación y del ejercicio, es imposible estar delgado y mantener el peso. Es lo que llamamos hábitos de vida saludable e incluyen una alimentación sana y de buena calidad nutricional en la cantidad justa, actividad física y el ejercicio, pero también el sueño y el control del estrés y del estado de ánimo.

Cuando alguno de estos parámetros se altera, por ejemplo, cuando tenemos estrés, un disgusto o un problema familiar, y ello produce ansiedad, dormimos mal o tenemos más sensación de hambre, empezamos a utilizar la comida como un calmante, comenzamos a engordar, nos vemos mal, nos baja el ánimo, dejamos de movernos y establecemos un círculo vicioso del que es difícil salir.

También podemos empezar a movernos menos por un trabajo que nos sienta en una silla muchas horas, por lo que nos ocurrió con el confinamiento, por una simple enfermedad que nos encama o nos deja cansados, por una circunstancia de la vida como un embarazo, cambiar de lugar de trabajo, etc. Entonces se desencadena la rueda que nos lleva a coger kilos y a sentirnos mal por ello, lo que hace que comamos más. Hay que saber que, a mayor tamaño corporal, más comida nos pide el cuerpo, por lo que es más difícil restringir la comida.

En fin, el peso va unido a la vida y si tenemos en cuenta que el mundo que nos rodea es totalmente engordante, entenderemos que cualquier cosa que ocurra nos hará ganar peso. Por eso, solo hay una solución: cuidarse sí o sí.

No existe una única solución para no engordar y mantenerse delgado, cada persona debe buscar la fórmula que mejor se adapte a su estilo de vida, pero sí hay unas claves que te pueden ayudar a encontrar el camino, y que son comunes a todos.

1. Cuídate siempre. Ten claro que para estar delgado en el mundo en el que vivimos hay que cuidarse a diario y para toda la vida.

2. Sé ordenado con las comidas y no estés picoteando ni comiendo a todas horas. No hay milagros ni los va a haber. Comer lo que quieres, sin orden y en las cantidades que te apetecen, normalmente hace ganar peso.

Hay que comer tres o cuatro veces al día como mucho e intentar hacer cenas muy ligeras.

3. Ajusta lo que comes a lo que gastas. Establece un plan de alimentación saludable ajustada al tipo de vida que haces. Si te mueves poco, deberás comer poco; si te mueves más, podrás comer más.

4. Reduce la ración y no repitas. La alimentación, aunque sea sana, también puede engordar si se comen grandes cantidades, por tanto, es necesario comer menos en general.

5. Toma la menor cantidad posible de procesados. Los alimentos procesados, es decir, aquellos fabricados artificialmente, con frecuencia tienen más cantidades de azúcares y grasas que los naturales. Evítalos.

6. El alcohol, cuanto menos mejor. Reduce o evita el alcohol. Es un alimento que aporta muchas calorías y tomado diariamente engorda. Plantéate tomarlo solo de forma ocasional y en pequeña cantidad. Recuerda que un vaso de vino o de cerveza equivale a tres azucarillos.

7. El azúcar, poco o nada. No aporta nada, salvo calorías que ayudan a ganar peso. Si te gusta mucho, date un capricho ocasional, pero compénsalo no tomando ese día otro carbohidrato como el pan.

8. La mitad de lo que comas que sea vegetal. Frutas y verduras crudas o cocinadas aportan fibra, vitaminas, agua y pocas calorías. Llenan mucho y son saciantes. Deben ser muy importantes en la alimentación.

9. Toma proteínas dos o tres veces al día. Proteínas vegetales como las legumbres o animales como carnes, pescado, huevos o aves son necesarias y muy saciantes. Cocínalas a plancha, en el horno o hervidas, de forma sencilla y sin grasas añadidas.

10. Toma dos o tres raciones de lácteos sin azucares añadidos. Los lácteos, con o sin lactosa, aportan proteínas, calcio, vitamina D y bacterias que benefician al intestino. También azúcar y grasa, por lo que no deben tomarse en exceso porque engordan.

11. Los cereales, mejor si son integrales y sin pasarse. Los cereales como el pan, la pasta, el arroz y las harinas en general son la base de la alimentación. No se debe abusar de los cereales refinados, intentar no mezclarlos entre sí y tomarlos preferentemente integrales.

12. Toma siempre aceite de oliva, preferentemente virgen, como grasa básica. Las grasas aportan muchas calorías a la dieta. Reduce su ingesta evitando las de origen animal y los fritos.

13. Quítate la sed con agua y no con bebidas dulces. Estar bien hidratado es importante. Necesitas agua para vivir y mantener las funciones vitales. Diariamente debes beber unos dos litros entre agua y otros líquidos. Pero ante la duda, toma siempre agua.

14. Disfruta de la comida y no busques refugiarte en ella por tus problemas. El placer de comer es importante,

pero no lo conviertas en una obsesión ni en un fin en sí mismo.

15. Muévete más a diario. Andar, subir escaleras. Moverse es necesario para mantener la masa muscular activa y equilibrar el balance calórico. Aumenta la actividad diaria, utiliza el coche lo menos posible y reduce las horas frente a las pantallas.

16. Busca un deporte o actividad que te haga moverte y sudar varios días a la semana. El ejercicio aporta salud, bienestar y ayuda a mantener el peso. Cualquiera vale. Es interesante mezclar ejercicios de mucho movimiento, como andar, correr o bailar, con ejercicio de fuerza. Si lo haces a diario, mucho mejor.

17. Cuidar el sueño te ayudará a mantener el peso. El sueño es básico: si duermes mal, tendrás más hambre y comerás más y de forma más desordenada. Duerme entre siete-ocho horas, evitando los ruidos y la luz.

18. Cuando la comida se convierta en una obsesión o en un calmante de la ansiedad, busca ayuda. El estrés o la ansiedad suelen aumentar el hambre y el picoteo, generalmente de dulces y por la tarde-noche. Es un signo de que algo no va bien.

19. Planifica los menús y haz una compra sensata. No tengas la casa llena de alimentos que no quieras o no debas comer porque te los acabarás comiendo. Haz una lista con lo que necesitas y ve a la compra siempre con el estómago lleno.

20. No te fíes de productos o de dietas que prometan milagros. Si te quieres cuidar, busca ayuda profesional o informaciones contrastadas. El fraude y las promesas falsas y engañosas son frecuentes y hacen mucho daño.

6

TATÚATE EN LA MENTE LA FRASE: «TÚ PUEDES»

Muchas mujeres se acercan a mí porque transmito seguridad, pero yo también tengo mis debilidades y contradicciones, como todo el mundo. Ese cóctel de fuerza e incertidumbre que forma parte de nosotros y de nuestra propia constitución como personas es el que acaba haciéndonos más fuertes. Aunque en momentos puntuales también he tenido que bregar con el sufrimiento, pasarlo mal, y prueba de ello es que no he sabido muy bien cómo gestionar ciertos traumas.

En este sentido influye el momento vital en el que estés. Puede que coincida con ciclos de la vida en los que no te sientas a ti misma. Yo, por ejemplo, en algunas etapas, después de no encontrar en el armario nada «adecuado», he acabado llorando, quedándome en casa y preguntándome por qué.

Ya te he hablado de cuando me llamaban gorda en el colegio. Mi angustia en el recreo cuando las niñas saltaban a la comba o la auténtica tortura que era para mí la hora de gimnasia. Seguro que me entiendes si te narro la escena de tener que saltar el potro; ese momento era lo peor, no lo podía soportar. Me sentía incapaz y notaba la mirada de los demás en mí. Son sensaciones que, por mucho que pase el tiempo, siguen estando. Mi forma de defenderme era decir que me daba lo mismo y tomarme dos cuñas de chocolate con huevo y todo lo que cayera. Me lo intentaba llevar a mi terreno para así sentirme fuerte. Pero la verdad es que solo ponerme el chándal me suponía un mundo.

Jugar al elástico, que era lo que hacían todas las niñas de mi edad, fue también insufrible. No podía, no me sentía ágil, pero ni para saltar ni para otras muchas cosas que hacían las demás. Ir a la piscina con amigos, ni se me ocurría. Ponerme un bañador o ir a la playa en mi esquema mental era una misión imposible. Tampoco he hecho el pino de niña y tirarme de cabeza al agua me costó la misma vida.

Con el tema de la ropa también he tenido que trabajar algunos procesos. La gente se vuelve loca queriendo seguir la moda a rajatabla, y como se llevan los *shorts,* tiene que ponerse unos sí o sí. Eso es caer en la tortura. No es necesario. Yo no me he puesto una minifalda jamás, ni siquiera de jovencita. Entendía que no me favorecía y punto, no pasaba nada o quizá sí... porque veía a todas mis amigas llevarla y a mí lo que me tocaba era gestionar en mi cabeza que no podía hacer lo mismo.

Veranos de complejos

Siempre he pensado que el verano es la estación menos estética del mundo, y si a eso le unes los complejos —porque en esta estación vas medio desnuda y sale lo peor que uno tiene—. Creo que el invierno y el otoño son las temporadas más elegantes para vestirse.

Soy consciente de que he dejado de hacer muchas cosas por esta cuestión. Me acuerdo de un día que estaba en la playa con Ariadne Artiles, ¡nada menos que con la espectacular Ariadne Artiles! No digo más. Ambas estábamos con nuestras respectivas parejas en Formentera. Y a mi querida amiga —que la amo con locura— se le ocurrió decirme que jugáramos a las palas a la orilla del mar. Mi respuesta no pudo ser más clara:

—Vete a jugar con tu prima hermana a las palas y olvídate de mí.

Ella me seguía insistiendo divertida, pero yo le contestaba:

—¡Que me dejes, olvídate de mí, no voy a jugar a las palas contigo ni hoy ni nunca!

Ariadne se tiró al suelo de la risa y todavía hoy me lo recuerda.

Pensándolo ahora, en ese momento decir lo que dije fue mi manera de admitir el complejo o quizá de reírme de mí. Podría haber dicho no simplemente y sin más. Contestar de aquella forma fue como quitar hierro y dar a entender lo que sentía por mis complejos. Pero tienes que estar fuerte para dar ese paso, porque si te vienes arriba y luego te das cuenta de que no eres tan libre, te puede hacer pupa. No es un camino fácil, es duro, y por eso mucha gente lo pasa muy mal.

Ante los complejos hay que ser honestos y contar la verdad. Es el único modo de que los demás te ayuden.

La primera vez que acudí a *El Hormiguero,* Pablo Motos ya sabía por algunas personas de mis traumas, así que me sacó el tema nada más empezar:

—¿Te gustan los bañadores? ¿Qué opinas de la playa? —me preguntó.

Lo recuerdo claramente porque hay cosas que se te quedan grabadas. Me sinceré y le conté que yo podía estar en un barco a cuarenta grados, sudando la gota gorda, rodeada de amigos bañándose y pasándolo bien, y no meterme en el mar por mucho que me incitaran a hacerlo.

—Pero, Vicky, ¿no tienes calor? ¿Tú estás bien? —me preguntaban.

—Yo estoy perfecta, ¿no me ves? —le contestaba cayéndome los goterones...

Era todo mentira, porque yo estaba pasando lo más grande.

Todo esto ya lo he superado, pero fue una barrera que he traspasado hace muy poco. Mi problema no era que me señalaran, sino sobreponerme a algo que tenía escondido en algún lugar desde que era niña.

Ahora veo con más claridad situaciones de hace años que fueron un bloqueo, pero hasta de esas he tratado de sacar algo en positivo, he desarrollado la magia de darle la vuelta a lo malo. La realidad como te he dicho es que he odiado las playas, las piscinas y la temporada de verano era una tragedia porque me limitaba.

El tiempo coloca y sitúa

Si los veranos fueron un trauma, durante los inviernos también tuve que luchar contra mis demonios. Lo que viví en Lugano, en el colegio donde estudiaba, fue tremendo. Estando en Suiza, qué te iba a tocar: esquiar. En mi colegio, Tasis, nos llevaban a St. Moritz para aprovechar la temporada de nieve. Se esquiaba por las mañanas y por las tardes teníamos las clases normales. Yo no me había puesto unos esquís nunca. Total, que mi madre me compró todo lo que necesitaba para aquella experiencia. No me faltaba un detalle. El primer día tenían que asignarnos a un grupo o a otro según nuestro nivel. A medida que preguntaban, empezando por el nivel más bajo, yo guardaba silencio, como si hubiera esquiado todos los días de mi vida por pistas negras, pero nada más lejos de la realidad. Quise ser valiente, me vine muy arriba o lo hice una vez más por mis miedos, pero la lie. Me quedé con tres que se suponía que éramos los que mejor esquiábamos.

Y allí estaba vestida para la ocasión. Me monté en el remonte —que ya me costó, porque tampoco sabía cómo hacerlo— y cuando llegué arriba no te imaginas la pesadilla. Miré al monitor y le pregunté:

—¿Y ahora qué hago?

Yo creía que me iban a llevar en brazos, pero no hubo manera, así que bajé prácticamente con el culo pegado a dos monitores llorando como una mona. Cuando llegué al hotel telefoneé a mi madre para contarle lo que había pasado y también para pedirle que me consiguiera un parte médico en el que pusiera que no podía esquiar por un problema en la rodilla. Después me pasé el mes entero montada en un coche de caballos, arropada con dos mantas, procurando ver lo mejor de la situación. Sin embargo, no fue nada agradable. Me costó la misma vida enfrentarme a ello. Podía haberlo intentado, pero por entonces estaba llena de limitaciones, aunque estas solo estuvieran en mi cabeza.

Lo triste de aquella realidad es que estaba en un paraíso, en Suiza, en St. Moritz, en una estación de esquí increíble, viviendo algo con lo que soñaban muchas personas, pero yo no lo pude disfrutar. Todo lo contrario, para mí supuso un bloqueo que me acompañó sin saberlo durante muchos años.

Y es verdad que todo lo que vives de niña después te marca, por eso es fundamental apoyar a nuestros hijos e impulsarlos mucho, no limitarlos. Recuerdo que mi madre le quitó importancia a la anécdota.

—No esquiarás, mi vida —me dijo—, pero no veas cómo cantas, tocas el piano y hablas inglés.

El tiempo luego va colocando todo. Hace ya muchos años tuve un novio al que le gustaba mucho esquiar y nos fuimos a pasar unos días a Baqueira. Me daba apuro decirle que yo no sabía hacerlo. A lo largo de mi vida, y después de lo de Suiza, intenté aprender en alguna ocasión, con monitor incluso, pero lo cierto es que no me gustaba —ni me gusta— y punto; no es un deporte en el que me sienta cómoda, también porque soy muy miedica.

Durante ese viaje, una noche en la que estábamos cenando con amigos, alguien me preguntó que por qué no me veía por las mañanas en las pistas.

—Pero, Vicky, ¿tú no esquías? —me preguntó sorprendida.

Como si por narices todo el mundo tuviera que esquiar, como si no diera crédito de que yo no lo hiciera, como si no fuera posible. En otro momento de mi vida igual me hubiera bloqueado. Ese día no. Ese día mi respuesta fue:

—¿Y tú tocas el piano? —le dije con guasa.

—Yo no.

—¡Qué cosa más rara! —le contesté aparentando sorpresa.

Ella esquiaba y yo tocaba el piano. Al final, la conversación derivó hacia otros temas y a partir de ese momento nadie nunca volvió a preguntarme con ese tono si yo no sabía esquiar.

Este es solo un ejemplo de las muchas situaciones que he pasado con el asunto relacionado con el deporte. ¡Cuántos traumas me hubiera evitado si lo hubiera entendido de niña! Podría haber sacado más cosas buenas de la vida y desde luego hubiera disfrutado más y sufrido menos. Me puse límites por culpa de mi peso y acepté que había cosas que no eran para mí. No me di cuenta entonces de lo equivocada que estaba, menos mal que el tiempo todo lo cura. Me perdí momentos que debería haber vivido. Al final siempre he actuado para salvarme yo. Antes me daba miedo que la gente se riera de mí, después eso me hizo precisamente fuerte y acabé pensando que daba igual lo que opinaran.

La aceptación, la empatía y el agradecimiento

¿Todo el mundo debe tener la talla treinta y ocho? ¿Todo el mundo debe tener hijos? ¿Todo el mundo debe tener pareja? ¿Qué ocurre si no es así? La vida funciona de otra manera y cada uno decide lo que quiere o puede ser. Sentirse menos es muy chungo. La vida me ha llevado a conocer todo tipo de personas y algunas con vidas de ensueño, pero yo nunca me he sentido ni más ni menos que ellas. Ahí está la clave. En la aceptación y en el agradecimiento.

El secreto es dar las gracias permanentemente por lo que tienes, por lo que vives y por lo que no también. Desprenderse de la envidia y enfrentarse a todo de una manera saludable. Y tener empatía, porque la vida cambia en un segundo y unas veces estamos arriba y otras abajo.

El día que conocí a mi marido fue en una plaza de toros, nos miramos y es cuando empezó nuestra historia. Ese día cenamos juntos con un grupo de personas y cuando me levanté para ir al baño él aprovechó para seguirme y pedirme el teléfono. Yo, como quería que me encontrara, le apunté los teléfonos de cinco casas diferentes; y él, cuando lo vio, cogió un papel y apuntó su número cinco veces. Además de darme cuenta de su sentido del humor, vi en él a una persona que no se achicaba, que me hablaba de tú a tú, sin complejos, no le creé inseguridad; me dio una lección. Y prácticamente ahí entendí que era genial y era el hombre de mi vida.

Nuestra primera cita fue unas semanas después. Vino a buscarme a Cerro Negro, una de las fincas que tenía mi padre en Sevilla —que casualmente es donde Manuel vive ahora—, me montó en su coche y me preguntó que dónde quería ir a cenar. Yo sabía perfectamente que él estaría pensando: «Dios mío, la hija del ganadero, ¿dónde querrá que la lleve?». Pero yo, que ya me había metido en su pellejo, lo tuve claro:

—A una venta a comer huevos fritos con papas.

Es importante meterse en la piel de los demás y adaptarte.

—¿Entonces no quieres ir a La Dorada? —me dijo.

Probablemente yo sabía que iba a hacer un esfuerzo para llevarme al restaurante de moda. Cuando le contesté aquello, probablemente pensó: «Esta es la mujer de mi vida».

En ese momento Manuel era un niño que estaba empezando, vivía de prestado y tenía dos vaqueros para vestirse. Dos. Con dos camisas. Con un armario que se hizo él con un par de tablones y apuntillado por él mismo. Nada más. ¿Dónde le iba a decir que fuéramos a cenar?

Forma tu *puzzle*

Y para esto es primordial saber quién eres. No es fácil ni se hace de un día a otro, pero seas quién seas y vengas de dónde vengas siempre hay un camino para todo el mundo. Mi camino probablemente no te valga a ti ni a mí el tuyo, pero existe un desafío constante, eso está claro. Y cada persona tiene los suyos propios. Cada uno debe conocer sus miedos, sus limitaciones, sus puntos débiles y fuertes, cuáles son las cosas que le asustan y aquellas que le ilusionan o motivan. Entre unas y otras se va abriendo una luz, una senda sobre la que poner la primera piedra. Después ya irá la siguiente y la siguiente, y la siguiente…

**La vida no es para los cobardes.
Los miedos limitan.**

Qué bueno sería priorizar y darle importancia a las cosas que realmente la tienen. Yo he padecido mucho por esa forma tan intensa de ser. ¡Cuántos disgustos me hubiera ahorrado! Pero no puedo olvidar que todo en esta vida tiene solución.
Todos tenemos un pasado. Recuerdos duros. De angustia. De esos que cuando echamos la vista atrás respiramos hondo. Momentos que sabemos que nos hirieron, episodios que también nos hicieron más fuertes, pero lo que yo te puedo asegurar y lo que a mí me valió y me vale es echarle coraje a la vida, ser una valiente muchas veces hasta sin serlo. No hay que acobardarse por nada, porque querer es poder. Si tú quieres, estoy convencida de que serás capaz de conseguirlo. Te costará más, te costará menos, pero lo conseguirás, y esto es lo que te tienes que tatuar en tu cuerpo y en tu mente. Que nadie venga a contarte lo contrario.

7

TODO ES POSIBLE... SI LO PUEDES IMAGINAR

Hubo una etapa de mi vida en la que me llené de miedos, no me encontraba nada bien. Tenía pánico a salir a la calle, notaba que la gente me miraba, creía que sabía casi todo sobre mí y eso hizo que mis inseguridades brotaran. Y que conste que siempre he llevado bien ser una persona conocida, no me ha importado lo más mínimo. Desde el primer día he recibido mucha admiración, mucho respeto y mucho cariño, pero en aquella etapa, que coincidió que estaba saliendo con Manuel, no gestioné nada bien lo que podrían opinar de mí. Hoy es al contrario. Me da igual lo que la gente opine de mí, la única opinión que me importa es la que yo tengo de mí misma.

Llegó un punto en el que tenía tal ansiedad que me veía incapaz de entrar en un sitio sola. Cogí pavor a los ascensores, a las caravanas, a los lugares donde no tenía vía de escape... Fue entonces cuando decidí acudir a un profesional. Me atendió un psiquiatra, absolutamente maravilloso, en Sevilla, el doctor Laureano, que me ayudó a hacer frente a todas esas limitaciones de mi cabeza.

Cuando la vida te manda señales, hay que tomarse las cosas de otra manera.

Nada más entrar en su consulta me preguntó qué me había llevado a ir hasta allí y yo empecé a contarle lo que pensaba que me había hecho daño en mi vida. Para mi sorpresa, después de unas semanas, me di cuenta de que estaba muy equivocada, porque había cosas que creía que no me habían afectado y realmente eran las que me habían dañado.

Empezamos a trabajar en esos miedos. Recuerdo que me hizo enfrentarme a la «prueba» de entrar sola en un restaurante y sentarme a comer sola también, algo inverosímil para mí, además de estar bastante estigmatizado en aquella época. Ahora comer sola ya está normalizado, pero antes no era así. También estaba el hecho de que salía con una de las personas más queridas de media España, el «hijo de todo el mundo», porque así era el sentir de la gente con respecto a Manuel. No se me olvidará nunca aquel día, el sitio y la situación. Me costó un esfuerzo tremendo. Aun así, escogí un restaurante que estaba justo enfrente de Paco Cerrato, una peluquería de Sevilla que conocía bien y con cuyo dueño había comido en más de una ocasión. Pensé que tendría un lugar seguro y alguien en quien apoyarme si me daba algún ataque de pánico.

Superé la prueba. Entré, me senté, miré a todo el que estaba allí, pedí el menú y comí sola. A partir de ahí ese miedo se esfumó. Me hizo mucho bien cruzar esta y otras fronteras que tenía atravesadas en mi mente. Al final me di cuenta de que solo había que echarle cojones y luego se volvía todo mucho más fácil.

Pero en ese momento me sentía cuestionada todo el tiempo, necesitaba que la gente me diera el ok. No sabía si estaba dando la talla al estar casada con Manuel. Tenía el conflicto de si debería estar en casa esperándole, cada vez que toreara o si estaría bien visto que saliera. Yo sufría mucho por ello. A este respecto recuerdo una conversación con Manuel en la que me dijo que tenía que darme igual lo que opinaran los demás:

—Tú eres mi mujer y yo sé quién eres y lo que haces en cada momento. Siéntete libre.

Eso me ayudó muchísimo en mi vida para los restos.

Tiempo después, ya viviendo en Madrid, tuve que volver al psicólogo porque el ritmo de vida que estaba afrontando era exagerado. Estuve dos años haciendo *Channel 4* con Boris y cogiendo un par de aviones diarios. Volaba ocho o diez veces a la semana. Grababa también una serie de televisión, *La familia Mata*, hacía el programa *Supermodelo* y, además, trabajaba para diferentes firmas. A eso se añadía que Alba era pequeña y todo ello me generaba una gran ansiedad. No es que fuera desmesurado el exceso de trabajo, es que era imposible llevarlo a cabo. Me dieron muchos ataques de ansiedad, uno de ellos me cogió en un avión. Al aterrizar me llevaron directamente al hospital. Pensaba que me moría.

—¿Te has dado cuenta de que no te mueres? —me dijeron cuando se me pasó esta crisis.

Era imposible, porque cuando me volvía a dar otro parecía que nunca había sufrido uno. Todo esto me pasó factura. En este momento es cuando decidí parar y gestionar mi vida mejor.

El tabú de ir al psicólogo: *bye bye*

Recomiendo ir al psicólogo. Todos deberíamos hacerlo, hasta el que piense que está bien. Acudir a terapia tendría que formar parte de los buenos hábitos de salud; tendría que ser una obligación, hoy en día el lujo más lujo es ese. No olvidemos que el cuerpo está muy bien, pero con una mente enferma no tira. En nuestra vida, en nuestras relaciones de pareja, de amistad o en las profesionales, a veces creemos que hay cosas que no nos afectan cuando en realidad quizás nos estén haciendo pupa.

Como ya te he contado he ido al psicólogo en diferentes momentos de mi pasado y ahora que estoy de vuelta a Madrid, y ya más centrada, he vuelto. Me parece necesario. Antes era una locura solo decir que ibas al psicólogo, y ni te cuento si admitías que era al psiquiatra. En otros países, sobre todo en Estados Unidos, es de lo más habitual, menos mal que ya se está normalizando aquí y desde la pandemia aún más. Se nota que las consultas de estos especialistas están a tope, y también todas esas plataformas que se han creado para dar cobertura y asistencia *on line*. Otra de las facturas que nos ha pasado el covid-19. Está contribuyendo mucho que gente conocida hable de ello sin tapujos, porque ayuda a ir eliminando estigmas.

Visitar a un especialista de salud mental y resetear la cabeza es algo que deberíamos tener establecido de antemano.

Yo todo esto lo descubrí la primera vez que fui, cuando tuve que enfrentarme a los miedos que me descontrolaban. Luego lo he ido reaprendiendo. Me di cuenta de cómo me habían afectado determinadas circunstancias en distintas etapas de la vida y no había sido consciente de ello. Cuanto más ligera camines, cuanto más te hayas trabajado, es más fácil que encuentres tu paz, tu felicidad, porque tú eres lo más importante que tienes.

La ansiedad no tienes por qué «comértela».

Muchas mujeres se acercan a mí para contarme su historia, a veces desesperadas, y la palabra que más se repite en todos sus testimonios es la ansiedad.

Pues es precisamente esta ansiedad lo primero que tenemos que aprender a controlar, y esto es imposible hacerlo por nosotras mismas porque, aunque tengamos ganas de superarlo, la ansiedad puede con lo que le echemos.

Lo primero que hay que entender es que la comida está relacionada con la expresión de nuestras emociones. ¡Con todas! Cuando estamos contentas, comemos. Cuando estamos tristes, comemos. Cuando estamos nerviosas, comemos. Y así podría seguir infinitamente poniendo ejemplos. De cachondeo siempre digo que cuando tengo un ataque de estrés o un mal de amores bien podría darme por irme a correr al Retiro. Pero no, nunca sucede. Me da por comer, ¿te pasa a ti?

Otro problema es que la ansiedad es una mochila que llevamos siempre a cuestas y es dificilísimo gestionarla estando todo el día rodeadas de comida. Hay comida donde mires, cuando quedas con una amiga a tomar un café, si sales con tus padres a comer o con los amigos a cenar. Todo está alrededor de una mesa... Esto hace que las personas que sufrimos ansiedad estemos muy expuestas y sea tremendamente difícil superarla.

Los que vivimos del placer de comer nos recompensamos continuamente con la comida. Eso me pasa a mí y también a mucha gente cercana que me ha confesado exactamente lo mismo. Cuando entrevisté a David Bustamante en *El Show de Bertín* me confesó que para él la comida era un regalo, el premio después de un día intenso y agotador tras la vorágine era la comida, era lo que le hacía feliz. Y a mí siempre me ha pasado lo mismo.

Reconozco que tengo envidia sana de los que comen y no engordan, pero repito, creo que son los menos. Ya te he dicho que para mí hacer dieta ha sido duro toda mi vida porque amo comer, porque amo disfrutar y me cuesta mucho limitarme, así que entiendo a todas cuando me dicen por lo que están pasando. No necesitan contármelo. Siempre digo lo mismo, que yo he hecho régimen desde la teta de mi madre, yo creo que desde que nací me daba la leche de la teta desnatada. Es cierto, cuando era pequeña a ella le encantaba verme comer porque en aquel momento se relacionaba el estar gordita con estar sana.

Era una época en la que no había limitación con la comida. La gente confundía mucho los conceptos. Te daban de comer porque estaba relacionado con la salud. Debías estar sana y lozana. De ese escenario arranco yo y quizás también tú. Además, yo no le hacía ascos a nada. No me ponía ninguna limitación con la comida. Ya no es igual. A mi hija Alba no le daba un bocadillo para los recreos, le daba una pieza de fruta.

Ahora existen muchas maneras de mejorar la alimentación desde pequeños, sobre todo para evitar un problema real de nuestra sociedad: la obesidad infantil. No es para tomárselo a broma, las cifras se han triplicado. Se pueden sustituir unos alimentos por otros para que los niños mejoren su forma de comer.

Como la comida entra por los ojos, se puede jugar para que sea atractiva, pero saludable. Los productos de bollería industrial, por ejemplo, hay que eliminarlos; el deporte, sin embargo, hay que incluirlo sí o sí porque es bueno para todo. Lo que aprendes de crío de mayor te ayuda una barbaridad. La suerte es que cada vez estamos más concienciados con lo que comemos y existe una tendencia a comer menos y de forma más sana.

Mientras no afecte a la salud, cada uno puede hacer lo que quiera. Es algo que he defendido siempre, es tu vida y tú decides en ella. Nadie te puede decir cómo vivirla ni si tienes que ser esto o aquello. En ese sentido admiro mucho a la gente sin complejos que ha encontrado la manera de defenderse de las dificultades y ha estado dispuesta a renunciar a cosas que le gustan. El inconveniente surge cuando no te gustas y, por supuesto, cuando se presentan temas de salud. Porque la obesidad a medio y largo plazo da problemas siempre. No somos conscientes de que es un asunto muy serio. Ojalá lo entendiésemos porque creemos que es solo una cuestión estética. Simplemente nos miramos al espejo, nos vemos gordos y no nos gustamos, y creemos que eso es todo, sin embargo, lo más importante no es lo que vemos, lo más importante es nuestra salud, física y mental.

A través del movimiento de Novo Nordisk conocí a la psicóloga Helena García Llana. Me impresionó su forma de hablar de los problemas psicológicos que están relacionados con la obesidad. Sobre todo, de la ansiedad. Es por eso por lo que he querido reflejar su opinión en este libro. Mi agradecimiento infinito a ella.

ASPECTOS PSICOLÓGICOS RELACIONADOS CON LA OBESIDAD

Helena García Llana
DOCTORA EN PSICOLOGÍA CLÍNICA Y DE LA SALUD

Los tratamientos ofertados para el control de las enfermedades crónicas, en general, y de la obesidad, en particular, requieren de un grado de cumplimiento —mejor llamado adhesión, en cuanto al papel activo de la persona— que muchas veces no corresponde con la realidad observada.

La motivación para implicarse en un plan de pérdida de peso depende mucho de las posibles consecuencias y de los resultados positivos o negativos que se vayan consiguiendo. Las circunstancias del entorno pueden influir en la conducta alimentaria, en la decisión de perder peso y en las acciones para conseguirlo.

A menudo, las recomendaciones del médico compiten con otros estímulos que tienen más valor emocional para el paciente y que dificultan su compromiso con el tratamiento. Las personas con obesidad acuden a la ayuda profesional con un problema de salud que es una experiencia compleja que impacta en toda su persona, en todas las dimensiones de su biografía. La sobreingesta no es algo predeterminado que irrumpe de manera automática en la vida de nadie.

Desde el punto de vista psicológico, las personas que

sufren de obesidad pueden padecer con mucha frecuencia sintomatología ansiosa y/o depresiva, percepción distorsionada, negación de la gravedad del problema, autoestima baja y muy vinculada a la imagen corporal o desmotivación para el cambio de conducta. La vida misma. Es de señalar que los síntomas psicológicos que acompañan al inicio y desarrollo de la obesidad pueden funcionar tanto como antecedentes como consecuentes de este, lo que favorece de modo muy significativo la retroalimentación del problema.

Ansiedad

El comer, y más exactamente el masticar, suponen un gasto de energía que puede transformarse en una forma de reducir la ansiedad rápida, al alcance de cualquiera y reforzado por nuestro sistema de gratificación-recompensa. Si la conducta de ingesta se convierte en el ansiolítico de elección de la persona, es inevitable el incremento de peso, pudiendo generarse un círculo vicioso donde el aumento de peso se convierte en estímulo generador de ansiedad. Es importante ayudar a la persona a que haga consciente este proceso compensador que muchas veces funciona de manera automática para poder reconducirlo hacia formas adaptativas de manejo. La ansiedad, por otro lado, suele ir acompañada de conductas evitativas como no querer mirarse en el espejo, por ejemplo. Estas conductas obedecen a la reacción emocional del miedo. ¿Por qué tienes miedo? Porque estás vivo. Es una experiencia humana de primera magnitud y, por eso, lo que debemos hacer es entenderla para después poder atenderla. ¿Cómo se conquista el miedo? Enfrentándose a él, no hay otra manera.

Los seres humanos somos muy cortoplacistas, por lo que es fundamental ayudar a las personas a enfrentarse a sus fantasmas con el mínimo coste emocional posible —sea mi miedo a conducir, mis caderas cuando las veo en el espejo o cuando viene mi cuñado a comer los domingos—. La evitación solo mantiene el problema, no lo resuelve. Le añade más sufrimiento, pero al mismo tiempo la evitación es muy humana. Es esencial desmontar el círculo ansiedad-evitación.

Sintomatología depresiva

El estilo de pensamiento depresivo es aquel donde la persona contempla el mundo de manera negativa, tiene un concepto negativo de sí mismo y las perspectivas de futuro están teñidas de pesimismo. Dado que las personas con obesidad no suelen estar satisfechas con su imagen corporal, pueden ser propensas a aislarse del entorno debido a sentimientos de baja valía personal. Esto puede aumentar los sentimientos de soledad, tristeza e indefensión que son la autopista directa a la depresión.

Tanto la alimentación equilibrada como la práctica de ejercicio físico moderado, pilares básicos en el tratamiento de la obesidad, tienen efectos positivos en el aumento del estado del ánimo bajo y en la calidad de vida.

Jonathan Mann, hombre sabio del sida, decía: «Hay una tendencia creciente a culpar a aquellas personas que no cambian su comportamiento o que no lo cambian tan rápidamente como querríamos. La lógica de esta censura es clara. Te hemos enseñado lo que hace falta que sepas, ahora es problema tuyo cambiar tu comportamiento, y si no lo haces bien, has fallado y nosotros no podemos hacer nada más. Por cierto, para ayudar a entender a los profesionales de la salud sobre lo que estamos hablando he comenzado a hacer una sugerencia y es que cada uno practique, durante un mes, una sexualidad segura». ¡Es más fácil dar consejos que hacer correctamente lo que sugerimos!

Recordemos que las personas con obesidad llegan a nuestras consultas con una historia previa de relación con profesionales sanitarios en la que muchas veces se han sentido ofendidos y menospreciados a causa de su obesidad. La actitud del profesional, en el caso de pacientes con una historia repetida de fracasos, es esencial para conseguir el compromiso y que la persona esté dispuesta a intentarlo. La sensibilidad hacia la frustración será un capital importante y un ingrediente activo en el tratamiento.

La motivación no es un rasgo de personalidad, sino un estado que se ve influido por infinidad de circunstancias entre las cuales destaca el tipo y calidad de la relación con el profesional que le trata y, sobre todo, las consecuencias y beneficios que se esperan obtener. Las consecuencias, en términos de ver o no resultados, o de mucho esfuerzo y poco fruto, tienen relación con el entusiasmo y la perseverancia, y con el desánimo y el abandono del tratamiento.

Necesitamos implementar en las consultas, y en la calle, un estilo de comunicación validante que evite los juicios y esté atento a lo emocional para conseguir el clima de confianza y respeto que hace a los pacientes «permeables» al cambio.

Las emociones

Otro papel fundamental, como ya hemos mencionado, es el que tienen las emociones en el manejo de la obesidad. Las emociones son respuestas que surgen frente a estímulos o situaciones importantes. Nos alertan de que algo es significativo y tiene un valor para nosotros. Son procesos inconscientes, muy rápidos, y se suelen manifestar en sensaciones corporales. Solo emergen a la conciencia de una manera clara y hacen visible su significado en la medida en que se está despierto a las propias reacciones y nos damos permiso para sentirlas.

Necesitamos aprender a entenderlas para luego poder regularlas: se activa la ansiedad cuando nos percibimos amenazados; se activa la ira cuando nos sentimos atacados u ofendidos; se activa la tristeza cuando hemos de hacer frente a pérdidas. Todas ellas tienen un significado evolutivo muy importante y son respuestas determinadas por la estructura biológica del cerebro.

Nadie es responsable de lo que siente, pero sí de lo que hace con lo que siente. Las emociones no tienen categoría moral, pero nos empeñamos en ponérsela. Es decir, las emociones son adaptativas: no son ni «buenas» ni «malas», ni «positivas» ni «negativas», sino adaptativas. Es cierto que hay algunas displacenteras, pero si el miedo no lo fuera, ¿sobreviviríamos?

Cuando se escuchan y se aceptan cumplen su función de «señal» o de «semáforo» regulatorio de nuestras vivencias y nuestra forma de actuar; y así se transforman en un aliado importante que nos guía.

En el caso de la obesidad, la sobreingesta puede actuar como un «lexatin». Es decir, que la comida actúa como un anestésico emocional que nos aleja de vivir experiencias tan humanas como complejas, como la soledad, el tedio, la ansiedad o la tristeza. Estas son las emociones que más se correlacionan con la ingesta emocional.

¿Quién no se ha pedido una *pizza* un día que estaba estresado?, ¿o se ha comido un helado porque estaba triste? El problema no es hacer eso, el problema es que esta sea tu única estrategia para la frustración. La psicología dispone de herramientas para poder ayudar a demorar la recompensa y manejarnos en la frustración y la incertidumbre. No es fácil, ¿te merece la pena?

Las herramientas psicológicas

El papel de las herramientas psicológicas en el manejo integral de la obesidad es fundamental como complemento al abordaje biomédico.

Como bien sabemos, el problema no es tan sencillo como seguir una dieta. Los hábitos se hallan arraigados en la biografía del paciente. Entorno, factores endocrino-metabólicos, placer, actitudes y creencias interactúan y explican la dificultad para cambiar de hábitos.

No se puede modificar un patrón de vida, un estilo, cambiando solo una conducta: la dieta. Esta obsesión por la dieta restrictiva que tienen el paciente y algunos profesionales hace que la intervención esté, muy probablemente, abocada al fracaso.

Lo importante es no hacer de la persona con obesidad un inventario de déficits, sino potenciar sus propios recursos que a veces están secuestrados por el contexto, la experiencia de sufrimiento y los imperativos sociales. Es crucial aprender a darnos el sí a nosotros mismos y no depender tanto de la validación externa. A la vez, querer cuidarse y perder peso es algo muy difícil en este mundo posmoderno y consumista donde tenemos la alacena llena y estamos dominados por el estrés. Algo que hace fácil lo difícil es que sea por decisión propia y porque deseas realizar un valor que es fundamental para ti, sea la salud, la estética, la familia o la libertad.

Por último, me gustaría señalar que debemos cuidar nuestro lenguaje en relación con las personas con obesidad porque genera realidad. No es tanto el odio al gordo lo que más observo, sino que yo hablaría más de la ridiculización del gordo. La desvalorización de una determinada estética como si fuera un ciudadano de segunda línea porque no cumple los cánones de perfección marcados perversamente por nuestra sociedad.

En la persona con obesidad es muy importante diferenciar entre salud biológica —la hemoglobina, los valores de colesterol, de triglicéridos, la analítica, el nivel de grasa corporal y todo el riesgo cardiovascular en general— y salud biográfica (los dinamismos vitales, los vínculos, los proyectos, los valores, etc.). El riesgo cardiovascular no motiva a nadie.

El problema se produce cuando nos movemos en la dicotomía:

delgado = bello = sano = bueno

gordo = feo = insano = malo

Así se asocia el gordo con un comportamiento de maldad, de holgazanería, de poca responsabilidad con uno mismo. Hay gente que se cuida mucho y sigue expresando sobrepeso y obesidad. No todo depende de la voluntad. Hay una carga genética que hay que atender. La genética carga el arma, el ambiente la dispara. Y a veces, pocas, la genética, carga y dispara.

¿Por qué se habla de gordofobia y no de flacofilia? Es cuestión de cambiar el foco. Al final, creo que el discurso debe ir centrado en el malestar, en el sufrimiento y en la disconformidad que experimentan las personas con obesidad y no tanto en torno a la fobia ni al miedo. Y, por supuesto, de nuestra responsabilidad de acompañarlos desde los equipos de salud.

Igual que hay comportamientos disonantes, hay estéticas disonantes y no normativas. Lamentablemente, salirse de la norma tiene un coste emocional en el ámbito del peso y en prácticamente todo en esta vida. Es una cuestión de educación, es una cuestión, más profunda, de valores. Y, por supuesto, sin dejar de ser un problema de salud.

Una tarde, en la consulta, antes de escribir este texto, pedí a Aurora, una paciente con obesidad, fibromialgia y varios trastornos crónicos de salud, que me ayudara a poner palabras a esas frases que hacen daño. Ella es experta.

—Ay, nena, tienes que bajar de peso... Pero ¿vas al gimnasio?... Ay, esa barriga, ¿qué vamos a hacer con ella?... Si estuvieses más delgadita, te quedaría mejor la ropa... Y lo peor, Helena —me dijo—, es que esos mensajes los voy asumiendo como propios: estoy gorda y me veo horrible, que mal me queda esa ropa, no tengo ninguna voluntad para nada, estos michelines me dan asco...

Y de ahí al «soy mala persona» hay una autopista directa y muy peligrosa.

No parece que la mejor manera de conseguir cambios sea imponiéndolos desde una actitud condenatoria, o paternalista o buenista. No estamos para generar culpas, sino para promover ejercicios de responsabilidad entre los ciudadanos. Aprender a hablar preguntando, hacer pensar, dar al individuo control y poder sobre su vida puede facilitar que las personas adquieran las metas relacionadas con el manejo de su peso como propias. Para cada uno su perspectiva es válida y tiene sus razones. Por eso, cuando se invalida la perspectiva del otro —y eso es habitual en la experiencia de la persona con obesidad— la comunicación se atasca y es imposible un diálogo auténtico en el que los dos interlocutores son flexibles y están dispuestos a cambiar si se les persuade y argumenta sin invalidar su visión original.

Aprender a vivir con una enfermedad crónica como la obesidad supone llevar a cabo, sin dramatismos y lo más fácil posible, los cuidados y seguir centrados en nuestras cosas e intereses. Ni negarla y aparcarla como si no pasara nada ni hacer que gobierne nuestra vida y nuestros miedos. Asumir nuestra vida, coger el timón no es nada fácil. Muchos hemos sido educados para vivir pendientes de los demás, lo que nos hace dependientes y dificulta el cuidado. Hacerse cargo de uno mismo es inherente a llevar una vida plena... con obesidad o sin ella. ¿Te apuntas?

Tres últimas recomendaciones: estate despierto cuando el estrés comienza a ser un problema en tu vida y está compensado a través de la comida: ¿dormido o despierto? Date permiso para sentir las emociones asociadas.

> Nadie es responsable de lo que siente, eres responsable de lo que haces con lo que sientes. Por último, plantéate pedir ayuda profesional. Hay muchos recursos que puedes emplear para tener el estrés a raya en tu vida. Merece la pena y es de sabios saber hasta dónde llegamos y hasta dónde no. Establece límites. Nos cuesta mucho y nos libera al mismo tiempo. Sal de tu omnipotencia.

8

¿QUÉ ES LO PERFECTO?

Estamos tan acostumbradas a que nos muestren constantemente la perfección que acaba siendo un machaque para todas nosotras, cuando, además, esa perfección que nos venden y nos meten por los ojos no es real. No existe. Pero, como un taladro, nos avasallan con la imagen ideal de la mujer de uno ochenta de altura, guapa, delgada, sin arrugas, sin celulitis. Y suma y sigue... que parece que todo eso es la perfección. ¡Venga ya! Esa no es la realidad, pero el mensaje que recibimos es continuo y nos dice cómo tenemos que ser.

Hay mujeres con celulitis y con flacidez con una talla 38. ¿Y?

Desde hace tiempo, por mi trabajo como diseñadora, veo cómo la mujer se enfrenta a su cuerpo, al espejo, a la desnudez. He visto a muchas que tú consideras que son un espectáculo, pero que cuando las tratas te das cuenta de que todas tenemos algo... La realidad es que, independientemente de la talla que tengan, también están insatisfechas y tienen complejos —«Que si me sobra esto, que si mírame el tobillo o mira la grasita que tengo aquí»…—. Pocas mujeres, poquísimas, están satisfechas al cien por cien con su cuerpo.

¿Cuántas veces salen estos temas en conversaciones entre amigas? Muchas. Continuamente. No aceptamos nuestro cuerpo, ni nuestra cara, ni el color de pelo, ni siquiera que sea liso o rizado. Siempre queremos tener algo que no poseemos, y eso es una tragedia lo mires por donde lo mires. Nos han mostrado una irrealidad que nos hace muchísimo daño.

He tratado con grandes modelos, con las mejores de este país y también con muchas internacionales, y las he visto quejarse siempre por algo. Para que veas que hasta lo que nos venden como perfecto provoca en ellas mismas insatisfacción. Cuando deberían estar satisfechas y agradecidas porque la vida las ha hecho así, pero no. Siempre hay un poso de descontento. Les hace olvidar la parte más importante, que es la gratitud por todo lo que tienen.

Hay que dejar de poner el acento en lo que carecemos y ponerlo en lo que tenemos.

Hacerlo supone una transformación abismal en el paradigma de la vida. Un pequeño cambio con grandes resultados.

Las mujeres constantemente tendremos referencias más perfectas, más ideales, pero entonces, ¿dónde ponemos el límite?, ¿en qué momento paramos esto? ¿Quieres tener tú estas medidas: 90-60-90? ¿Crees que tenerlas te darán la felicidad? Pues yo te aseguro que no. Al final habrá otra mujer que sea más guapa, más alta y más de todo. Tenemos que parar con esa obsesión y darnos cuenta de que la vida no va de esto, sino de aceptar lo que somos.

Entendemos mal los conceptos pensando que si estamos más delgadas o tenemos más abdominales o una piel más tersa vamos a ser más felices. Y no funciona así. Ya te he dicho que la belleza no está relacionada con una talla.

He perdido los kilos que me pusieron en una situación comprometida, pero tengo celulitis y los brazos no son los que tenía con veinte años. Porque evidentemente no los tengo, y eso es algo que acepto. No puedo pretender con cincuenta querer estar como una chica de treinta. Cuando te das cuenta de ello y lo asumes, te sientes mucho mejor.

Seguro que si me operara me quedaría mucho mejor, pero la cuestión principal no es esa. Hay cosas que no se pueden operar. Me he quitado peso porque era un problema que afectaba a mi salud. Es verdad que hoy soy más feliz porque me siento más libre y porque, además, me puse un objetivo y lo he logrado, lo cual siempre es reconfortante en el ámbito que sea, saber que has podido.

Con menos peso me es más fácil levantarme, salir, entrar, hacer deporte, caminar, ir a hacer la compra, dormir, todo… El simple hecho de cruzar las piernas, por ejemplo. Hubo un tiempo en el que no podía hacerlo, e incluso respirar me costaba un mundo. Ni te cuento lo que era dormir. Yo dormía fatal. Los pequeños placeres de la vida se convierten en complicaciones que, además, no quería admitir o no quería ver.

Todas esas limitaciones me ocurrían de vez en cuando hasta que la voz de alarma sonó bien fuerte. Nadie me había hablado de ese índice de masa corporal ni tenía la menor idea de cómo funcionaba ese tema. Hasta hace bien poco pensaba que era una persona gorda que llevaba toda su vida a dieta, y ya.

Ahora sé que hay un problema, uno serio, que va más allá y que se llama obesidad.

Eres única

Insisto en la importancia de tener claro que no somos perfectas, que no debemos aspirar a ese ideal que nos venden de belleza, pero sí saber que somos únicas. Este es nuestro valor indiscutible en el que hemos de creer. Cuando te des cuenta de la fuerza que tienes, y te lo creas, tendrás un poder que es la bomba.

A todas nos ha pasado pasado. Hemos caído en la trampa de buscar la perfección, de mirar a nuestro lado y encontrar algo mucho mejor. A mí también me ocurrió. Y eso que yo siempre estuve satisfecha con cualquier talla, y, además, era, desde la humildad, una mujer de éxito y una referencia para muchas otras. Pero sí, alguna que otra vez yo también he mirado más arriba, y he caído en el maldito error de buscar más allá.

Es bueno tener como referentes a gente que nos gusta mientras no se convierta en una obsesión que nos trastoque nuestra calidad de vida y nuestra salud mental. Incluso puede ser motivador, como si fuera una especie de ambición, pero solo y exclusivamente para querer mejorar.

A mi entrenador siempre le digo que debo llegar, a mis 50, con el cuerpo de Jennifer López, pero, cuidado, eso no significa que encorsete mi día a día y me obsesione para conseguirlo. Es más, tengo que ser consciente de que también sería imposible porque yo tengo mi cuerpo y ella tiene el suyo. Yo hablo de plantearme metas, va de otra cosa. Va de ver a una mujer que a mí me parece que con más años está mejor que con treinta, va de ver a alguien que me parece activa, que se la ve saludable. Eso al final te hace cuidarte y te lleva a sentirte mucho mejor.

Si admiramos a alguien, debemos tener claro que nunca tendremos su cuerpo. Tenemos el nuestro, con sus cosas maravillosas y sus desafíos. Por eso, lo más importante y crucial de todos estos procesos es la aceptación: esto es lo que eres, mírate al espejo y gústate. Si lo consigues, el resto viene solo. Este es mi gran secreto para enfrentarme a la vida.

No es malo que nos llame la atención el color de pelo de otra persona. ¡Cómo si nos llama la atención una planta en un restaurante y quisiéramos llevárnosla a casa! Lo malo es cuando entra en juego la obsesión. Conozco a mujeres que entran continuamente al quirófano, se operan el pecho, por ejemplo, y cuando pasa un año resulta que no era el pecho que querían y vuelven a entrar. Mujeres que cuando se han quitado de un lado luego se quieren quitar del otro. Sí, se convierte en algo enfermizo.

Descubre tus cartas y disfruta de la partida

A veces, a través de las redes sociales o cuando me encuentro a mujeres por la calle o en cualquier lugar, me dicen que les recomiende a un buen cirujano o a alguien que les mejore la piel o cualquier otra cosa.

—Dónde voy, qué hago —me consultan.

Pero nunca me preguntan:

—Oye, Vicky, ¿qué hago para ser feliz?

Esto es lo que realmente debería preocuparnos a todas.

El problema no es el cuerpo. Hay gente que está impecable y tampoco es feliz. La clave está en el equilibrio, en un *mix*, en poner cada cosa en su lugar y en mirarnos cómo estamos por dentro. Cuando quieres perder peso y lo consigues, te sientes mejor, sobre todo porque te has dado cuenta de lo bueno que es ocuparte de ti y quererte.

Es cierto que en ocasiones, viendo la vida de algunas personas o leyendo sobre ellas, tendemos a pensar que lo tienen más fácil. Me incluyo. Probablemente creas que yo lo he tenido fácil y me encantaría incluirme en ese «grupo», pero no hay cosas sencillas. Y aunque fuera verdad, no podemos quedarnos ahí, porque ese pensamiento es un arma de doble filo. Me explico: alguien que esté en su casa y ande *achuchao* de dinero, quizás piense que yo cuento con unas comodidades que me hacen la vida más cómoda. Y lo es, pero yo también puedo mirar hacia arriba y ver otros mundos a los que no tengo acceso, que no me pertenecen y donde las cosas son de otra manera. La escalada es infinita, pero errónea. Hay que darle la vuelta a ese tipo de reflexiones.

Tengo amigos con aviones privados y barcos de los que puedo disfrutar en momentos concretos, pero esa no es mi vida. Mi realidad es otra. Yo me organizo con lo que tengo y con lo que soy.

Si miras hacia arriba siempre, vas a encontrar algo mejor, estés en la posición que estés. Y entonces volverá la insatisfacción.

**El gran desafío es hacer nuestra vida
con lo que tenemos. Aquí reside el secreto.**

Debemos asumir quiénes somos: esta soy yo y estas son mis cartas. Nací con unas y además reconozco que buenas, pero también he tenido que pelear para ganar muchas otras. Puedo ser hábil y lista y quitarle alguna a la que está enfrente, pero mis cartas son las mías y con ellas tengo que jugar a esta partida que se llama vida.

Habrá quien sienta que no tiene ni una sola para enfrentarse al mundo. Si tú crees eso, que no tienes nada, si no encuentras dentro de ti el menor resquicio, ese es tu punto de partida.

Gracias a lo que me dedico, por mi tienda, han pasado mujeres de perfiles muy distintos, que atraviesan situaciones muy dispares. Alguna vez me han dicho que yo tengo una vida comodísima, que salgo en la tele, que me rodeo de gente muy buena... Esas cosas...y yo siempre les digo:

—Mi vida será la que sea, pero voy a morir igual que usted. En realidad, paso las mismas fatigas.

También les contesto:

—Usted sabe que hay días que me cuesta levantarme y que he sufrido y sufro por amor y que tengo ansiedades y que he sufrido casi siempre por lo mismo que usted.

Siempre hay algo mejor que lo que tenemos, pero también peor. La cadena es infinita y de ahí viene la amargura de tanta gente que ves que lo tiene todo y es tremendamente infeliz. Es un juego muy peligroso.

Hace un tiempo coincidí con una amiga en una grabación. Había perdido en año y medio a su madre y a dos de sus hermanos. Una tragedia. Me decía que ante las dificultades tenía dos opciones: encerrarse en casa y no salir o grabar un disco y tirar *palante,* aunque no le apeteciera. Ella entendió que debía salir de la oscuridad, aunque la pena se siguiera llevando a todas partes, porque esa siempre va por dentro.

Sé que suena fácil decirlo y que luego aterrizar en la realidad resulta muy complicado, pero hay muchos ejemplos que demuestran que se puede. La cabeza tiene un poder asombroso. El dolor es universal, seas quien seas y tengas lo que tengas. No hay quien se libre, pero cada día viene con una nueva oportunidad. No lo olvides.

Aprende a reírte de ti y tiende una mano a los demás

El hecho de que se refirieran a mí como una niña gorda desde la infancia siempre ha estado ahí, en mi cabeza, sin más. Mi manera de combatirlo, de sobrellevarlo, fue reírme de mí misma. Esa fue mi primera arma.

—¡Es que estoy muy gorda! —no era raro habérmelo escuchado decir 1500 veces en mi vida.

Puede que fuera la forma de exponerme al mundo, de defenderme, de asumir una realidad, pero aprendí a hacerlo para superar las situaciones y lo he hecho así toda mi vida. Nunca lo escondí y siempre hablo de la gordura y de lo que sea sin filtro. Si he engordado, lo digo sin tapujos, normalizándolo.

Me dedico a la moda, y a pesar de eso me he seguido riendo de mí en todas las circunstancias. La exposición social de la gordura es tremenda. La gente te señala. Lo hacemos todos. Es así. Si entra por la puerta una señora con ciento cincuenta kilos la miramos y la remiramos, y es probable que no la dejemos de mirar hasta que la perdamos de vista. ¡Cómo no se va a sentir mal por sus propias inseguridades y complejos! Es importante para esto empatizar y no señalar, porque es una forma de maltrato. Es la manera en la que el día a día de las personas gordas se puede convertir en un infierno, en una tortura. Ya te he dicho que mi padre me enseñó la importancia de ponerse en el pellejo del otro e intento que no se me olvide.

Reírse de uno mismo también es despojar al problema de los prejuicios sociales. Es liberador y tiene un poder sorprendente.

He dedicado mi vida entera a defender a las mujeres con curvas, independientemente de que tengan una talla treinta y seis o una sesenta. Por encima de todo está el hecho de que cada una es irrepetible. Los complejos nos llevan a sitios muy oscuros, muy chungos. He defendido mi cuerpo cuando he tenido la talla cuarenta y también cuando he tenido la cuarenta y seis. Yo no he cambiado, soy la misma. Con mis valores, mis virtudes, mis defectos e imperfecciones. He visto mujeres bellas con una treinta y ocho y también con la cincuenta y dos. No podría dedicarme a esto si no vistiera todas las tallas. No lo concibo. A mí me gusta la mujer, la quiero y trabajo para embellecerla. Mi único propósito en moda es sacar lo bueno y bonito que tengas y disimular esas cosas que a ti te molestan para que te sientas más segura. Un traje te puede hacer sentir la persona más maravillosa del mundo si te miras al espejo y te gustas.

Con algunas de esas mujeres es con las que he vivido las historias más potentes que recuerdo. Un día llegó a mi tienda una señora con toda su familia. Venía absolutamente desesperada. Ya había estado en varias firmas y le habían dicho que no la podían vestir. Tenía una talla grande. Se iba a casar y buscaba nada menos que ¡su vestido de novia! Uno de los trajes más importantes de nuestra vida. La que debía ser una de las experiencias más bonitas, se estaba convirtiendo en una auténtica pesadilla, en un calvario. Llegó destrozada de ánimo. Destruida como mujer.

Como ella, llegan a mi tienda otras muchas con situaciones muy parecidas, pero vienen porque saben que las entiendo, como diseñadora y como mujer. Sé lo que sienten. Trato de protegerlas e intento ayudarlas. Yo respeto cómo es cada una, por eso mis clientas no tienen miedo ni vergüenza, en ese momento se olvidan de sus complejos, saben que tanto yo como mi equipo las vamos a mimar y a comprender, y eso les da un plus de tranquilidad.

Esta señora entró prácticamente con las lágrimas en los ojos. Había pedido cita conmigo, una de esas ventas que hago concertadas en las que atiendo personalmente. Subió las escaleras y nada más encontrarnos rompió a llorar de una forma desconsolada. Yo le dije que por qué estaba así, que se iba a casar y que no era la forma de vivir ese momento maravilloso. Le pregunté qué le habían hecho, qué había pasado en su vida para que estuviera así. Su respuesta fue que no le había pasado nada extraordinario, o sí, que estaba gorda y que cuando entraba en una tienda no encontraba una mirada cómplice. Era la misma escena que alguna vez en mi vida yo había vivido. Entraba en tiendas y no se podía probar. Eso le creó mucha frustración.

Tenía la aceptación de su novio, de la persona que más quería, y de su familia, que sufría al verla así, pero ¿tenía la suya propia? Le cogí la mano y le aseguré que no iba a tener ningún problema, que ese problema se iba a terminar en ese preciso instante.

—Además de que te voy a hacer tu traje, te vas a ir de aquí sintiéndote la mujer más guapa del mundo —le prometí.

Había que hacer un trabajo de fondo. No podía salir solo con un vestido para casarse, había que trabajar más cosas por dentro, había que reconstruir todo ese daño sufrido por el camino. Estaba obsesionada con que iba a ser imposible, con que no le iba a entrar ningún vestido.

Le dije, como siempre hago —desde la verdad—, que no tenía su talla en el muestrario. A pesar de que yo tengo un tallaje amplio, normalmente hasta la cuarenta y seis, es complicado tener todas las tallas. Primero por espacio y porque los muestrarios después no se venden. Pero tenía claro que ese día no se marcharía de la tienda sin probarse un vestido porque rompería el traje que hiciera falta. Ese no sería el problema. Ella se vería metida en un vestido de novia sí o sí.

Elegí los tres o cuatro que creía que iban a favorecerle más. Conozco muy bien mi colección y el cuerpo de la mujer y sé lo que le queda mejor a cada una. Poco me equivoco en eso.

Seleccioné uno y lo que hice para que se le quitara la angustia fue coger las tijeras y cortarlo. Ella me miraba y no daba crédito.

—Pero este traje ya no tiene arreglo —me dijo.

—Sí, mujer. Esto mañana se tira y se hace otro nuevo, lo que a mí ahora mismo me preocupa eres tú, lo otro no vale nada comparado con que tú te sientas bien. Lo que quiero es que salgas feliz... Lo otro es dinero, y ¿qué vale el dinero? —le contesté.

Su transformación en ese mismo instante fue absolutamente mágica. Parece que la estoy viendo ahora, se le iluminó la cara. Cortamos tres trajes de novia, pero encontró el suyo. Y siguió llorando, pero de felicidad.

Cumplió uno de sus sueños y eso provocó un cambio. Son de esos giros del destino que te hacen entender y te ayudan a ver el futuro de otra manera. Gracias a ellas yo también soy otra persona. Aquel día ella vio cumplido el deseo de vestirse de novia y yo el mío: el de ser protagonista en uno de los momentos más importantes de su vida.

También recuerdo a un abuelo que llegó con su nieta para probarse. La niña eligió dos vestidos, uno le encantaba, y escuché que el abuelo le decía:

—Ya sé que este es el que más te gusta, pero aunque he ahorrado mucho, no tengo suficiente para comprártelo, mi vida.

—No te preocupes, abuelo, este otro también me gusta —fue la respuesta de ella.

De nuevo supe que yo no trabajaba para ver algo así y quedarme quieta. Le dije a Ana que le pusiera el otro y le cobrara el mismo precio.

Creo firmemente que todo lo que una da se le devuelve. No me cansaré de decir que me siento en deuda con todas las mujeres por todo lo que me han dado y por todo lo que me han enseñado.

Cuando das recibes mucho más y la vida te lo trae sin tú ser consciente.

No se dan cuenta del regalo que me hacen a mí, no porque sea Vicky Martín Berrocal, ellas también son importantes siendo personas anónimas. Cada una tiene una historia y muchas mujeres no se creen todo lo que pueden conseguir.

Cuando me animan y me dicen:

—Estamos contigo, Vicky.

Yo respondo a cada una de ellas:

—No, sois vosotras las que estáis conmigo. Las que compartís muchas cosas, y para mí eso es un aprendizaje y un regalo.

La misma mano que me dieron a mí es la mano que yo intento dar siempre. No puedo concebir la vida de otro modo.

Esa ha sido mi medicina en muchos instantes para quitarme parte de mis complejos. No dar lugar a que los demás se rían de mí, hacerlo yo primero. ¿Y qué sería yo sin cada una de vosotras?

9

BIENESTAR POR DENTRO Y POR FUERA

El deporte, qué gran psicólogo

Haz deporte. ¿Cuántas veces en la vida hemos escuchado esto? Es cierto que hacer deporte es necesario —¡¡qué pesadilla!!—, y, además, estés como estés, tengas la edad que tengas, seas gorda o delgada, porque va unido a la salud, y según vamos cumpliendo años, más.

Para algunas personas seguro que es más sencillo; para otras —entre las que me encuentro— es un suplicio. Tenemos que tirar de una fuerza de voluntad tremenda para ser constantes y en la cabeza siempre está resonando el «debe debe». Pero, aunque me cueste, he de reconocer que no es que sea bueno, es que ¡¡es mejor!! Y no solo porque te cambia el cuerpo —también la cara, te lo aseguro, ya te hablaré de ello más adelante—, que es lo que a mí menos me importa, la verdad, sino porque es fundamental para vivir de otra manera y tener calidad de vida. Pero que conste y repito que yo lo hago por obligación no porque me guste.

La ocasión en la que más delgada estuve fue cuando me dio por el boxeo como una loca. Claro que mi motivación fue alguien muy especial. Creo que esa es la clave para hacer ejercicio físico: un objetivo que te estimule y encontrar algo que te acabe apasionando.

El amor por el boxeo, otra gran herencia

El amor por el boxeo se lo debo, como muchas cosas más, a mi padre. ¡Caprichos de la vida! Es curioso pensar en qué te pareces a tu madre o a tu padre. Cuando recapacitas sobre de dónde te vienen los placeres, las devociones e incluso las manías te llevas unas sorpresas tremendas. La genética es muy divertida. Hasta cuando crees sabértelo todo o cuando te crees muy genuina aflora un hilo conductor con tu pasado que te lleva a decir: ¿también esto?

El boxeo es de papá, sin duda. Lo amaba él y lo acabé amando yo, como me pasó con otras pasiones suyas. Ya de niña me levantaba de madrugada para ver los combates a su lado. Mi padre fue uno de los mejores promotores de la historia en nuestro país. No tenía fronteras ni límites y todo lo que quería lo llevaba a término, aunque le costara.

Al final, todo es trabajo, trabajo, trabajo, creer y creer.

No hablaba inglés, a veces pienso que ni falta que le hacía, porque tocaba todos los palos. Se fue a Las Vegas y allí se hizo amigo de Don King, el mejor promotor de la historia del boxeo, con quien acabó haciendo muchos combates, hasta uno con Mohamed Alí. Esta imagen la tengo guardada en mi memoria, y cuanto más lo pienso más increíble me parece. ¡Pero cómo fue posible sin hablar inglés que ese hombre apareciera con Mohamed Alí, el boxeador de los boxeadores!

Ya de mayor, y cuando mi padre hacía tiempo que había fallecido, fue cuando me puse a boxear como si no hubiera un mañana… y el cuerpo me cambió.

Vivía entonces en Madrid y una amiga mía me pidió que la acompañara al lugar donde practicaba este deporte, en La Latina. Gracias a ella me acerqué a un mundo que me iba a conectar de nuevo con mi padre de una manera muy especial. Me enganché gracias a Óscar Rayito, que, además, me contó historias de él. Tenía recortes de periódicos y mil anécdotas de su juventud de las que me hacía partícipe. No me pudo gustar más reconectar, ahora de forma activa, con esa parte de mi pasado. Óscar me acercó sin saberlo a las entrañas y a su pasión por el *ring*.

Nada más llegar, como preparación y antes de empezar a boxear, me puse a saltar a la comba, una actividad que, por sí sola, ya me fundía físicamente. Yo no había saltado a la comba en mi vida. Ni de niña. Había sido mi trauma de la infancia, la niña gorda que nunca se expuso ante las demás porque no se veía capaz. Pero a mis cuarenta años pensé que nadie nacía sabiendo, que todo el mundo tenía que pasar por ese proceso y que el que quería, aprendía. No me dio vergüenza. Aquel día probé, y al día siguiente volví, y al otro, y al otro, y al otro…

El boxeo me impresionó desde el primer minuto que empecé. Era feliz practicándolo. Lo hacía con tanta frecuencia que acudía seis días a la semana al gimnasio. Y si tenía que ir a las siete de la mañana para poder coger el AVE de las nueve, lo hacía.

En dos meses era otra persona. En una hora de boxeo el esfuerzo deportivo que haces es bestial. Veinte minutos saltando a la comba es mucho trabajo de cardio y eso te estiliza y te pone tremendamente fuerte, es el único deporte que te hace cambiar de una manera sorprendente.

Estuve cerca de dos años y lo pude compartir con Alba, que también terminó por engancharse. Ella no encontraba su deporte y con el boxeo lo logró.

A la hora de elegir tu deporte, el principal objetivo es descubrir algo que te apasione, ya sea jugar al pádel o al tenis, caminar o correr por la calle. Sea lo que sea, tiene que ser un ejercicio que se ajuste a tu medida, a tus gustos y a tu ritmo de vida.

Para que funcione en nuestro día tan estresante es clave agendarlo, igual que una reunión o ir al médico. Es prioritario y debe hacerse así porque si no, lo acabaremos dejando. Lo bueno que tenemos ahora es que hay mil alternativas, incluso plataformas para hacerlo desde casa.

A mí el ejercicio me ayudó por el tema de mi peso, ya lo he dicho. Pero yo no lo aconsejo solo porque sirva para adelgazar —aunque es indispensable si se quieren bajar kilos, eso es verdad—, yo lo recomiendo porque es fundamental para la cabeza, para tener una mente sana. Cuando entrenas te cambia todo, eres capaz de hacer las cosas setenta veces mejor y notas enseguida el triple de energía. El cuerpo se oxida cuando está inactivo, no lo olvides.

El deporte sirve, además, para conseguir metas, para poner el foco en lo que quieres.

También te digo que cuando haces régimen y no ejercicio el cuerpo no cambia igual. Claro que pierdes kilos, pero se adelgaza de manera distinta, el cuerpo no se queda igual, no compacta. Para mantener un peso adecuado hay que tener un equilibrio entre alimentación y deporte. Lo importante es ir probando, y si no te gusta uno, intentarlo con otro. Y si no te gusta ninguno, caminar es buenísimo y te activa todos los mecanismos para mantenerte en forma y, encima, es el más barato y lo puedes hacer donde quieras. Todo ayuda, aunque a veces sientas que no. La clave es ejercitarse, en lo que sea, salir de la zona de confort, de la vagancia mental, del abandono.

Cuando tengas una de esas etapas en la que no sepas por dónde tirar, en la que estés bloqueada, te recomiendo activar el cuerpo. Poco a poco, no hay que matarse, adáptalo a tus condiciones. Enseguida te darás cuenta de lo agradecido que es el cuerpo. La evolución la apreciarás rápido, notarás que estás mejor, que tienes una energía bestial y créeme que te da mucha seguridad... ¡La prueba soy yo! ¡Mírame a mí recomendándolo con la alegría que te lo recomiendo!

Desde que comencé mi última dieta, a la que yo llamo «aprendizaje de vida», hago bici estática, que también me gusta mucho, durante cuarenta y cinco minutos para empezar bien cada jornada, cuando no tengo tiempo para ir a entrenar.

Frente al espejo

Hablando de deporte y siguiendo con el hilo del capítulo, te podría decir que, además, te pone más guapa. En serio, no es una broma. Ha habido épocas de mi vida que me ha costado un triunfo hacer ejercicio, seguramente a ti también te ha pasado, pero además de mi cuerpo, mi cara lo ha notado.

Yo no tengo grandes trucos de belleza, aunque hay uno que considero el más importante: la constancia. Pero la constancia en todo. Es el único que funciona en la vida. Partiendo de ahí, creo que cada cual debe buscarse sus truquitos para verse mejor en el espejo.

Otra cosa que hago desde hace dos décadas es cuidarme mucho del sol. Tengo clarísimo lo perjudicial que llega a ser. Directamente, no lo tomo, y siempre salgo a la calle con una buena protección puesta. Es algo que llevo a rajatabla desde hace tiempo. No me supone un problema, no tengo la necesidad de estar morenísima; al contrario, me gustan las pieles claras. De todas formas, ahora hay cremas y maquillajes para estar morenas sin exponernos al sol. La cosmética tiene muchas alternativas.

La piel tiene memoria y, aunque en principio no notemos cómo sufre la falta de cuidados, con los años veremos cómo que envejece de pronto, por no hablar de las dichosas manchas. Manchas que he visto que están sufriendo bastantes amigas mías.

La limpieza también es fundamental, no hay excusas que valgan. Da igual que llegues cansada, con dos copas o con ganas de acostarte. Es necesario tener un buen ritual tanto por la noche como por la mañana, y que a eso le siga una hidratación adecuada. Lo que sí es clave es dar con una crema que le vaya bien a tu cutis, no tiene que ser la más cara, sino la que se adapte mejor a tu tipo de piel y a la edad que tengas. Para mí la vitamina C es esencial, es el gran secreto. Uso la mejor que hay en el mercado, la más pura. La he utilizado toda mi vida por sus resultados tan buenos. También me hago algún tratamiento de radiofrecuencia cuando puedo, pero en cabina y en sitios especializados. Creo que para mantener bien la piel hay que tratarse con radiofrecuencia. Es fundamental.

Hay otras dos cosas que van muy bien para la piel y prometo que se notan: una es beber abundante agua porque purifica y nos ayuda a eliminar las toxinas que acumula nuestro cuerpo. Aparte, no solo es saludable, sino que se nota en la calidad y la hidratación de la piel.

Mi otro consejo, uno que me recomendaron hace mucho tiempo y que me va de miedo, es dormir. La doctora de la que os hablé en Sevilla me lo pautaba para adelgazar: dormir todo lo que pudiera. ¡Funciona!

Para terminar, te aconsejaría un último truco maravilloso, curativo y mágico: no te vayas a la cama sin decir lo que quieres decir. Lo bueno y lo malo. Es la única manera de vivir en paz y la paz da belleza. Créeme.

10
GRITAR LOS SUEÑOS AL VIENTO

Hay una frase que me acompañó en mi vida y me ayudó en muchos momentos: «Los sueños, cuando se gritan, se cumplen».

Si a alguien le va bien, todos pensamos: «¡Vaya suerte la suya!», y obviamos lo que ha tenido que pasar para llegar hasta ahí. Pues con los sueños pasa igual. No es cuestión de magia si se cumplen, sino de haberlos soñado con intensidad y de haber trabajado duro para que sucedan.

Solo los que están cerca de ti saben lo difícil que es lograr cumplir un sueño. Por ejemplo, monté mi empresa en el año 2005, pues bien, hasta 2015 no gané ni un euro. Ni siquiera tenía nómina. Cuando lo cuento, me miran con cara rara y yo pienso que nadie se lo cree. Es que entiendo que no te lo creas. Estar diez años trabajando por amor al arte... Fíjate si es así que a una de mis colecciones la llamé Amar por Amar. ¿Cómo puedes imaginar que Vicky nunca ganó dinero en esos diez años? Pues no, jamás gané un euro.

La moda flamenca, mi ojito derecho

En el tema de los sueños soy muy ambiciosa, y el proyecto de la moda flamenca fue y ha sido el más grande de mi vida. Se lo di absolutamente todo, sacrifiqué tantas y tantas cosas. Me he dejado mi vida en ello. ¡Cuántas veces le dije a mi padre que no podía acompañarle a algo por trabajar y cuántas no pude estar con mi hija por conseguir ese sueño! Aun así, estoy en deuda con él porque fue el comienzo de mi vida profesional, mi ojito derecho, mi pasión y mi todo... A la mujer y a la moda flamenca le debo lo que soy.

Antes de convertirme en diseñadora monté una tienda de Ángel Schlesser, pero no me hacía feliz, no me sentía realizada, era algo mecánico. Podía estar ahí o en cualquier otra parte. No encontraba ninguna motivación especial en lo que estaba haciendo. Tengo una miniartista dentro de mí y había en mi interior algo que necesitaba darle rienda suelta.

Mi madre me enseñó a amar la moda de esta forma, desmesurada, y mi gran pasión fue dedicarme a la flamenca. Yo arranco la moda flamenca porque tenía esos recuerdos tan vivos de niña, de cuando veía a mi madre con aquellos vestidos tan sensuales, tan femeninos, con esos colores y volúmenes. No podía estar más guapa. ¿Pero hay alguna mujer que no esté guapa vestida de flamenca?

Me dediqué durante un año a ver tejidos, a buscar inspiración, ideas. Por supuesto tenía claro que quería hacer algo nuevo, innovar dentro de un traje que es el único de entre todos los regionales que cambia con la moda. Y así fue como comencé la aventura de crear una firma flamenca muy distinta a lo que se había hecho hasta entonces.

Hice la primera colección de ocho o nueve piezas y la presenté en Sevilla con la marca Vicky Martín Berrocal. Toda ella estaba realizada de puntos de seda, tejido que no se había utilizado nunca antes. Fue una locura mía, lo reconozco, pero lo tuve claro, lo vi así.

Las puse a la venta en un local de veinte metros que tenía mi padre y ahí empezó todo. Detrás trabajaban la patronista y la modista. No tenía ayuda ninguna; yo era quien abría y cerraba la tienda porque no podía asumir ningún sueldo más. Saqué las ocho piezas y las vendí, pero con eso no daba para mantener los gastos de un año entero. En realidad, aquel negocio me costaba dinero y tenía que trabajar en otras cosas para compensar, pero la satisfacción era tan grande que todo me merecía la pena. Más de una vez me llamaron loca y reconozco que lo estaba.

Mi padre siempre me decía que de un loco al menos se podía esperar algo, pero que de un cuerdo no te podías esperar na. En la vida hay que tener un toque de locura.

Es verdad que mi prioridad nunca fue ganar dinero, me valía la emoción, la satisfacción personal, el cumplir una meta, ese sueño. Cuando la gente me decía que no lo dejara yo siempre decía: no lo dejaré mientras me provoque una emoción.

Al año siguiente hice mi primer SIMOF, la cita más importante de la moda flamenca. Recuerdo que lancé una colección blanca en la que mezclaba los tejidos vaqueros, con puntos de seda, mallas metálicas. Y así seguí como te he dicho a lo largo de diez años —desde 2005 hasta 2015—. Solo hubo un año que no hice desfile porque no tenía nada que contar.

Durante todo ese tiempo me llamaron de muchísimos sitios y me ocurrieron cosas maravillosas. ¡Quién iba a decirme a mí que estaría dos años en el escaparate de Harrods! A Uma

Thurman la vestí para el calendario Campari, desfilé en Hong Kong, y de la mano de Piaget, vestí a la Barbie, a la Nancy. Annie Leibovitz fotografió un traje mío para *Vogue* América. Se me abrieron de par en par unas puertas que ni yo misma hubiera pensado abrir.

Esta es la parte bonita, es el sueño o, mejor dicho, lo que ni siquiera había soñado.

Pero no se me olvida lo mucho que lloré, e incluso los momentos en los que quise tirar la toalla. Algunas veces no tenía manera material de seguir para adelante, no había dinero para liquidar a la gente, todo era una angustia y un agobio tremendos. Tampoco quería pedir ayuda, me había metido en eso sola y estaba convencida de que sería capaz de salir. Y lo fui, pero con mucho esfuerzo y sacrificio.

Me despertaba por las noches y me preguntaba: ¿cómo hago frente a esto? Pues lo hice, sin atropellar a nadie, desde la verdad, la lealtad y el compromiso. Lo bueno es que en las peores situaciones, cuando me iba a caer, sentía que había un ángel de la guarda que tiraba de mí, que me salvaba. Yo sabía muy bien quién era…

Escuchar al alma

Fue un proceso largo, en el que cuanto más difícil se ponía la cosa, más me gustaba y más satisfacciones me daba. Cuantas más dificultades encontraba en el camino, más empeño ponía. Nunca me faltó amor y pasión en lo que hacía. Cada día me enfrentaba a un papel en blanco sabiendo que lo que quería eran locuras imposibles.

Contraté a un director financiero para llevar las cuentas y cuando le explicaba lo que quería hacer me decía que estaba loca, que un negocio no se podía plantear así: que si el coste de un vestido nuestro era de tres mil euros, a cuánto lo iba a vender. Era imposible darle una salida comercial. Yo lo sabía, era consciente de que todo lo que me aseguraba era verdad, pero también tenía claro que si había llegado hasta ahí era para escuchar a mi alma, a lo que llevaba dentro. Quería ser capaz de hacer cosas únicas, de soñar y de llevarlo a la realidad. Ese era el objetivo, mi ilusión, mi alegría de vivir.

Casi toda mi vida he vendido a precio de coste. Era imposible hacerlo de otra manera, porque era tan caro lo que me costaba producirlo que no podía elevar el precio de venta. Lo cierto es que no soy empresaria. De hecho, soy la peor que ha dado el planeta, pero lo que sí me considero es una romántica. Durante todos aquellos años el «choque de trenes» era tremendo entre lo que quería hacer y lo que podía hacer.

Se me ocurrían auténticas locuras, pero tenía que ser fiel a mí, a ese impulso irrefrenable de hacer cosas grandes y distintas, de crear… Ser yo misma era algo que me superaba, a pesar de las muchas dificultades que conllevaba. Aquella era la historia que quería contar. Mucha gente me miraba como si estuviera en otra dimensión. Todos tenían la sensación de que me iba a meter en un hoyo, pero le echaba tanta verdad que creo que al final las cosas salían.

Fueron años agotadores, difíciles y muy duros, pero lo que la gente veía no tenía nada que ver con la realidad. Reconozco que después de mi hija aquello fue lo más bonito que he conseguido hacer. Volvería sin duda atrás, a pesar de las muchas veces que me caí. Me gustaba tanto que no me suponía ningún esfuerzo levantarme de lo que me hubiera supuesto otro trabajo. Pronto recuperaba la fe. Me reinventaba y cogía fuerzas. Cada vez me sentía mejor y volvía a subir un escalón más y más me exigía.

¿Tuve suerte o me centré en cada uno de mis sueños?

Ya he hablado antes de lo fácil que resulta caer en la típica frase de ¡vaya suerte la suya! cuando vemos a alguien a quien le va bien en algún ámbito de su profesión. Pero nos olvidamos de todo lo que hay detrás. No son golpes de suerte. Detrás de muchos triunfos hay grandes esfuerzos, hay trabajo, hay una apuesta en la que se sacrifica más de lo que se imagina. Vamos, que no es oro todo lo que reluce, como dice el refrán.

Los sueños decíamos que hay que gritarlos y se pueden cumplir, pero implican renuncias tras la recompensa que representan.

Más que suerte yo creo que hay que enfocarte en un objetivo, saber que quieres ir a ese lugar y volcar ahí toda tu energía. Tienes que alejarte de lo negativo que va apareciendo en tu vida. Es como si no tuvieras tiempo para detenerte en ello porque tu corazón y tu mente están puestos en otro lado. Luego, consigas tu sueño o no, lo que suceda en ese camino es lo mejor que te puedes llevar. Son experiencias, vivencias, te enseñan y te pueden ayudar para lo siguiente...

Los momentos duros nunca desaparecen del todo, que no se crea nadie que cuando llega el éxito se queda a tu lado para siempre. De eso nada. Yo todavía hoy sigo peleando y me sigo encontrando con etapas muy complicadas, pero forman parte de la vida empresarial.

El verdadero problema se presenta cuando estás sin rumbo, cuando no sabes lo que quieres ni hacia dónde ir, cuando de cualquier situación mala que te pasa haces un mundo, porque eso te puede alejar de tu objetivo.

Es fundamental tener ilusiones y motivaciones. Siempre es necesario un objetivo; al final, hay cosas que aparecen en tu vida y te pueden desorientar, pero si tú tienes una meta y estás enfocado en ella, aunque vengan momentos difíciles, no les darás tanta importancia ni tanta bola a las piedras del camino porque tendrás la mente puesta en el objetivo, y eso es lo que vale. Cuando no estás centrado en tu sueño, en tu meta, te dejas enredar por cualquier cosa.

Es como cuando estás muy atareada. Si haces las cosas feliz y encantada, la motivación hará que todo salga. Si lo haces a disgusto, todo se hará cuesta arriba. Esa es la gran diferencia.

SI DEJARA DE SOÑAR ESTARÍA MUERTA

El secreto de la felicidad reside, en parte, en el poder mental, concentrándolo en aquello que persigues, y poner tu vitalidad y energía en esa dirección. Pronto, antes de lo que crees, verás cómo eso se traduce en abundancia. Y descubrirás la maravilla de no desgastarte en pensamientos oscuros e insignificantes que te bombardean cada día.

¿Has pensado alguna vez cuántas cosas que te preocupan nunca llegan a ocurrir? Si te detienes en este pensamiento, te darás cuenta de que es abrumador.

Ahora que ya he creado y conseguido muchas cosas he de confesarte que yo aún sigo soñando. Cada vez más y con cosas nuevas. Esa es la clave. Si no lo hiciera, estaría muerta. Sigo ilusionándome con proyectos y con metas que no he alcanzado y que quizás no se cumplan jamás, ¿quién sabe?

Lo hago constantemente. Sueño con hacer un disco, con realizarme en muchos terrenos que todavía no he experimentado, sueño con que el mundo sea distinto... Y si algo tengo claro es que las prisas no son buenas. Hay que desarrollar la paciencia y no ponerse las metas acotadas en el tiempo, porque lo fácil es desesperar y abandonar.

Mucha gente tira la toalla si no cumple sus objetivos en el periodo que se ha fijado. Creo que es mejor seguir trabajando, mantener esa ilusión, y quitar del pensamiento la idea del abandono. A unos les cuesta más que a otros llegar a sus objetivos. La comparación nunca es buena. Debemos buscar el equilibrio en el que uno está bien, contento y disfrutando. Hay personas a las que su vida les cambia de un día para otro y otras que trabajamos poco a poco en ello. Sin tiempos.

Cuando participé en el programa de televisión española de *MasterChef* me ponía muy nerviosa el tema del reloj. Fue lo único que llevé fatal, lo odié con todas mis fuerzas, y el jurado lo sabía. Hacer algo creativo con la presión de los minutos me mataba. El arte es arte y cocinar desde luego que lo es. En este caso era un concurso, pero el tiempo es muy curioso y también los tiempos determinan la vida. No hay que tener agonía por conseguir las cosas, la clave es disfrutar del camino.

Un día hablaba con una persona muy especial que me contaba cuál es su sueño. Para mí, un imposible. Algo que en su profesión no se había conseguido desde hacía treinta años, pero él estaba seguro de que lo iba a lograr. Lo tenía muy claro. Dedica sus días a ello, al cien por cien, nada más le preocupa. Yo creo que es peligroso porque como ya he dicho no hay que obsesionarse con los tiempos ni con conseguir algo, porque si no sale uno se frustra para siempre, llega la amargura y se deja de disfrutar del momento.

Las cosas, cuando están para ti, lo están, igual que el amor. Cuando está para ti, ni aunque te quites. Y cuando no está, ni aunque te pongas.

Hay cosas que han pasado en mi vida que son sueños cumplidos.

Siete años después de despedirme de la moda flamenca, cuando dije adiós a mi gran pasión, hubo muchos sueños que se cumplieron, pero hubo uno que se quedó en el tintero: vestir a Penélope Cruz.

Pero fíjate lo que es la vida, porque en 2021, una tarde, recibí la llamada de la secretaria de Pedro Almodóvar. Es difícil explicar lo que se siente cuando alguien al que tanto admiras como es Pedro Almodóvar te llama. Pero ya ni te cuento cuando, además, me dijo que era para vestir a Penélope y de flamenca. Increíble. En ese momento me quedé paralizada. La pasión de mi vida volvía a darme otra gran satisfacción.

Ocurrió tal cual te cuento. Hacía siete años que había dejado de hacer flamenca y estaba maquillándome para una fiesta de la revista *Elle* cuando me sonó el teléfono.

—Hola, soy Lola, la secretaria de Pedro Almodóvar.

Con estas palabras ya casi me vuelvo loca.

—Hola, Lola, ¿qué tal?, ¿cómo estás?

—Nada, te llamo porque Pedro quiere hablar contigo. Él te lo quiere contar, pero te avanzo que desea que vistas a Penélope.

No daba crédito. ¡A Penélope Cruz! ¿Yo? ¿Así, porque sí?

Les respondí que tenía trajes de fiesta, pero lo que Pedro quería era uno de flamenca. Había visto todo lo que había hecho y le había fascinado mi trabajo. No me lo podía ni creer.

Le conté que llevaba mucho tiempo sin hacer flamenca y ya no tenía vestidos. Su respuesta fue que, después de haber visto casi trescientos, estaba loco con dos y que me iba a mandar las fotos. Mi cabeza no paraba de pensar: ¿Podría recuperar el tejido? ¿Podría hacerlo? Me aterró la idea.

Quedamos en que Lola me las enviaría. No me separé del teléfono. Te puedes imaginar la escena. Aquello era un sueño y a la vez una situación delirante. Sentía frustración. En serio, ¿ahora que había pasado el tiempo y ya no tenía material?

¡Cómo es la vida, cómo es de maravillosa... a veces!

Cuando recibí las dos fotos no me lo podía creer. Me puse a llorar nada más verlas. De todos los vestidos que Pedro había visto durante ese fin de semana eligió justamente un traje naranja y negro de rayas que tal cual salió del desfile me lo quedé para mí. Era el único de mi última colección que no había vendido. Lo tenía en la casa de mi madre de El Rocío. No era para ponérmelo yo, ni mi madre, ni mi hija, ni mi hermana, pero no lo quise vender. El otro que le había gustado me lo había hecho para la Feria del 2015 y lo tenía porque era mío. Siete años después de repente me pidieron dos trajes que eran los únicos que tenía. Todo pasa por algo y lo que no también. Tenía que ser...

Y ahí me empecé a reír yo sola porque me acordé de una escena en la que mi madre, cuando acabé mi último desfile, me dijo: Te ha quedado un sueño por cumplir que es vestir a Penélope de flamenca, y yo le contesté: algún día será…

Mandé los dos trajes al taller. Me enviaron las medidas de Penélope desde Chanel, porque ella es embajadora de la marca. Quién me lo iba a decir a mí. No pude ir a probarle, fue mi modista de cabecera, Micaela, la que lo hizo, y Paqui, mi patronista, la que desmontó los dos trajes y los adaptó a las medidas de Penélope. Cuando se los probó me contaron que ella estaba muy feliz. Estos son los regalos y las recompensas de la vida a todo el esfuerzo y a todo el trabajo.

Pedro me eligió, pero lo que él no sabía es que yo soñé con ese momento desde el primer día que diseñé mi primer traje de flamenca.

11

ALMA, CORAZÓN Y VIDA

En 2015 cumplía diez años de mi aventura como diseñadora de flamenca y para esa ocasión me empeñé en hacer un desfile que estuviera a la altura del acontecimiento.

Además, conseguí lo imposible: organicé una fiesta para unas cuatrocientas personas. Pude hacerlo donde quería y casi como quería, aunque no fue nada fácil, pero tenía que celebrar mi décimo aniversario. Quería despedirme a lo grande. Nadie intuía que iba a ser mi última colección, pero yo sí, por lo que aquel desfile tenía un cariz muy especial.

Creo que en ese momento conseguí llevar los tres elementos protagonistas del flamenco al lujo más absoluto: encargué a un orfebre las flores para el pelo, que normalmente son naturales o de tejido; mandé a ese mismo orfebre hacerme los flecos en oro, hice el lunar más grande que se ha hecho en un traje de flamenca cortado al láser y lo introduje en el vestido. Y para rematar, quise conseguir algo único, llevar a cabo el sueño que tuve una noche: hacer una bata de cola con cristal de Swarovski.

Para aquel último desfile quería que estallaran fuegos artificiales, alcanzar mi mayor aspiración, necesitaba ir a más, era algo que me salía de dentro, una necesidad vital. Por eso creé la bata de cola más cara de la historia. Cuando la gente pensaba que estaba todo hecho, la saqué. Era una bata de cola hecha en un tul transparente color piel en la que reproduje las flores del mantón de Manila, tan nuestras, en cinco tonalidades de cristales. Siempre había soñado con hacer esas flores con Swarovski y aquel era el momento perfecto. El resultado fue la sensualidad más total. La desnudez de una mujer por el tul color piel, la sensualidad de las flores del mantón de Manila en cinco tonalidades de cristal y el lujo más absoluto se combinaron en un delirio creativo.

Me había costado un infierno porque me decían que el tul no iba a aguantar el peso del cristal, tenía loco al director creativo mundial de la firma, pero me dio su palabra de que iba a hacerlo. Mandé el tejido cortado, aunque me daba miedo que una vez que estuviera puesto no quedara bien, y si el dibujo se iba a mantener tal y como yo quería por las costuras. Era importante que me hiciera el dibujo la silueta, cualquier resultado no valía si no se conseguía eso. Yo sabía que tenía que salir, tenía claro que iba a conseguirlo.

También sacamos pieles troqueladas haciendo flores. Se trataba de llevar todo al límite, de hacer algo que no se había hecho jamás.

La verdad es que disfruté más que en toda mi vida, mentiría si dijera lo contrario. Guardo mis batas de cola como si fueran oro en paño. Forman parte de mi pasado y de los tiempos felices a los que debo lo que hoy soy. Desde la pasión, la locura y una historia de amor vivida en silencio.

Desde las entrañas y el desamor

No me considero artista, pero siempre he pensado que desde la fatiga y del dolor e incluso del tormento pueden salir las mejores creaciones. Las mejores canciones están cargadas de duelo, desasosiego, sufrimiento, incertidumbre... Cuando estás bien, cuando estás en paz, se crea de otra manera.

Como he dicho, en el último desfile pienso que lo di todo porque estaba *enamorá* hasta las trancas. Me emocionaba cuando la gente me preguntaba cómo había hecho todo eso, cómo había llegado hasta ahí. Solo mis amigas cercanas lo sabían, nadie más.

Aquella historia no salió a la luz, fue tan mía como suya, una historia muy real, pero a la vez surrealista porque hoy por hoy no la entiendo ni yo.

Hay amigos que me preguntan si en algún momento hablaré de ello y siempre digo lo mismo:

—No puedo.

No puedo contarlo, es imposible, inviable, no tengo palabras para describir lo que viví, lo que sentí. No sé cómo empezó ni cómo acabó. ¿Fue real? Sí, pero a la vez lo menos real que he vivido en mi vida. Probablemente sea mucho más real en mis sueños, y quizá por eso me llevó a ese derroche de emociones. El conjunto de lo que la gente vio y sintió no era simplemente un desfile o los diseños de unos vestidos, lo que yo estaba contando era mi historia de amor. Aquella historia que fue más soñada que vivida. No recuerdo que me pasara nunca nada igual. Fui la persona más feliz del mundo, me mantenía en una constante emoción y con una sensibilidad a flor de piel.

Pasado el tiempo sigo recordando ese desfile, el que menos tiempo me llevó a la hora de crear, pero el que más derroche de energía y de sentimientos me causó.

Como verás, aquellos años de diseñar flamenca me dieron grandes satisfacciones, pero tenía que seguir avanzando. Me había dado cuenta de que muchas mujeres querían vestirse de mí, pero que no querían hacerlo de flamenca y además tampoco estaba al alcance de cualquiera. De esa demanda y de la necesidad de diseñar otras cosas nace mi nueva aventura, Victoria.

Muchas de esas mujeres son las culpables de que Victoria exista, ellas no sé si lo saben, pero han gritado mi sueño y lo han vivido como si fuera algo suyo. En gran parte gracias a ellas lo he conseguido.

La creatividad a veces lleva a la locura, pero también a la felicidad.

Seguía siendo una gran enamorada del flamenco, sin embargo, también quería evolucionar.

Después de aquel desfile que te he contado, en el que me vacié, empecé a sentirme mal. Enfermé de una mononucleosis que me dejó sin defensas, sin fuerzas, solo podía comer con pajita. Tuve que parar para recuperarme, pero no lo conseguía. Era como si hubiera entregado todo lo que tenía y me hubiera vaciado tanto que luego no supe cómo llenarme de nuevo.

Pero era el mes de febrero y en mayo tenía que presentar la colección de novia de aquel año. Me puse mano a mano con mi patronista, Paqui, que ha sido el alma de esa etapa de mi vida. Yo solo sentía que no podía tirar más del carro. Y de pronto sucedió algo especial, igual que siempre me ha pasado en todos los momentos que me he sentido a punto de tocar fondo.

Se puso en contacto conmigo Borja Vázquez, uno de los socios de Scalpers, mi otro ángel de la guarda. Mi empresa no se vendía, ni tenía interés de juntarme con nadie. Pero justo ahí, en ese instante, Borja me dijo que quería hablar conmigo. La verdad es que no tenía ni idea de para qué.

Me comentó que le gustaba lo que yo hacía y me propuso asociarme y crear una marca nueva que fuera más asequible para todas esas mujeres que querían vestirse de mí. Y así es como se convirtieron en mis grandes compañeros de viaje. Ahí es donde sentí que mi padre volvía a protegerme y que me enviaba justo lo que necesitaba cuando estaba a punto de caer.

Tardamos año y medio en salir y en comenzar a vender. Montamos un nuevo equipo, para mí no fue fácil porque nunca había tenido a nadie a mi lado que me guiara y me asesorara. Unirme a ellos también me parecía maravilloso por la cuestión de quitarme la gestión de la empresa. En eso reconozco que no soy buena; es más, sé que es mi parte más floja. Ellos son fuertes donde yo soy débil.

Había que encajar bien las piezas para que funcionara y así lo hicimos. Pedí que la calidad no se tocara, porque no sé trabajar de otra manera, pero logramos algo que pensaba que era imposible: abaratar los precios. Era importante que todas esas mujeres que se acercaban a mí enamoradas de mi trabajo lo pudieran disfrutar.

Otra de mis peticiones, también indiscutible, es que los precios podían ser muy competitivos, pero tenía que ser un *made in spain*. Sabía que hacerlo fuera nos iba a abaratar los costes e incrementaríamos el margen, pero estaba en contra de mis valores, de lo que yo soy.

Victoria es hoy una línea que lleva más de seis años en el mercado, con una pandemia de por medio. Vendemos a unos precios increíbles y muy competitivos. Una vez más, gracias a la mujer continuamos creciendo.

Y aquí estamos, seguimos en una batalla diaria por hacer las cosas bien con una marca que tiene credibilidad y alma. Detrás de Victoria hay una historia, y eso vosotras lo notáis y lo sentís. Así lo he experimentado toda la vida y eso es lo que me hace más feliz. No es un vestido lo que tú te llevas a casa. Hay una historia detrás, tú te identificas conmigo, con mi historia de superación y de lucha que es la mía y es la tuya.

Una se viste como es

Nuestra forma de vestir dice muchas cosas de nosotras, mucho más de lo que pensamos. Y no me refiero solo a una cuestión de elegancia, voy más allá. Hablo de estados de ánimo, de seguridad o de emociones como la alegría, la añoranza, la felicidad o la tristeza. Vestimos como somos y cada día tengo más clara esa conexión.

Hace un tiempo fui a ver a un amigo cantante que daba un concierto en Madrid. Estuvo soberbio, como lo está siempre, porque es una estrella. Al día siguiente le escribí para felicitarle y quise hacer hincapié en algo que quizás para muchas personas pasó desapercibido: había salido al escenario con un traje blanco con el que, por cierto, estaba espectacular. Le comenté lo seguro que debía estar para haber elegido así, lo bien que debía estar interiormente, lo libre y sin ataduras que debía sentirse. Le sorprendió mi apreciación, pero me dijo que en efecto así era. No había sonado la primera nota y él ya nos había contado muchas cosas de sí mismo.

Los colores dicen un montón de una persona. Vestirse tiene que ver con las emociones, con cómo te sientes. Yo, por ejemplo, cuando he estado gruesa, siempre me vestía de negro; sin embargo, este verano me he puesto todos los colores del arcoíris. Poca gente se da cuenta de estos detalles. De la de cosas que trasmitimos cuando nos vestimos con un traje... Vestirse habla de uno.

12

NO TE DEJES ENCORSETAR

La vida está llena de oportunidades. Una de ellas se me presentó en uno de los lugares más bonitos que existen: Petra. Me había contratado el gobierno de Jordania para dar a conocer ese maravilloso lugar cuando, de repente, recibí la llamada. Fue una de esas cosas que te sorprenden porque te abren las puertas a sueños que creías que nunca se iban a cumplir y de pronto ¡ocurren!

La llamada era de Mango. Estaban interesados en que fuera imagen de una nueva línea de tallas grandes que querían lanzar: Violeta. ¿Yo, imagen de Mango? ¿En serio? Saltaba de alegría. Me contaron que Violeta, la sobrina de Isak Andic, quería hablar conmigo de una línea en la que llevaban un tiempo trabajando. La idea era lanzarla a nivel mundial, pero querían arrancar en España y creían que yo era la persona con más credibilidad para ser la imagen de esa nueva línea. Yo siempre había defendido a la mujer tuviera el cuerpo que tuviera, ¡quién me iba a decir a mí que la vida me iba a dar esta oportunidad! A mi edad y con mi talla.

Me reuní con ellos y cerramos un contrato anual, que luego se alargó a dos. Y a partir de ahí todo lo que viví fue impactante.

Hubo momentos tan increíbles como llegar al aeropuerto de Barcelona y verme en tamaño XXL junto a Kate Moss en carteles de publicidad, que por entonces era imagen de la marca. Pasaba igual en París, Rusia, Turquía o Italia, y yo la verdad alucinaba. Yo aparecía en cualquier calle o en las marquesinas de los autobuses, era una barbaridad. Defendiendo quién era conseguí hacer trabajos impensables.

Aunque sea una pesada por repetirlo tantas veces tengo claro que la belleza no es una talla treinta y ocho. Se puede ser maravillosa con la talla que tengas, al igual que tantas otras mujeres de rompe y rasga. Yo no hice nada extraordinario, solo me defendía y en esa defensa del cuerpo me llegó esa oportunidad. A ti también te puede pasar lo mismo.

La vida sorprende a todo el mundo.

Vestirse es uno más de los problemas a los que se enfrentan las personas que se salen de los estándares. No solamente estás gorda, sino que tienes que acudir a tiendas para mujeres mayores en las que la moda es otra, bastante alejada de las tendencias y con menos oferta que la que hay en los establecimientos para gente más joven. Y acabas teniendo que vestirte como una señora de más edad. ¿Por qué si tienes treinta años te tienes que vestir como si tuvieras setenta? ¿Solo porque estés gorda? Y no hablemos de esos miedos a la hora de entrar en una tienda. ¿Habrá ropa para mí? Todo esto implica una tristeza tremenda, los miedos a que nada te valga. Miedos y más miedos.

En ese sentido la idea de Violeta era muy buena, estaba enfocada en una línea joven y partía de la talla cuarenta. Fue una alegría enorme para las mujeres de tallas grandes, lo palpé en la calle, ¡ahora se podrían vestir como las demás!

Violeta creó un mundo maravilloso, una ecuación hasta ese momento difícil de conseguir. Nuevamente se palpaba una realidad: la marca creyó en el hecho de que se puede ser un pibón estando gorda.

**Puedes ser sensual tengas la talla
que tengas porque somos más que un peso.**

Yo, por ejemplo, es verdad que cuando estoy con una cuarenta me encuentro mucho mejor, pero también defiendo la cuarenta y cuatro, porque también la he tenido. Me gusta el cuerpo de esa mujer española, parecida a la italiana, con sus curvas y sus volúmenes. Y eso fue lo que sostuve en la rueda de prensa tras un mes en el que los medios de comunicación habían criticado que una cuarenta se encasillara como una talla grande. Los directivos se pusieron al final de la sala. Estaba todo lleno. Tras comenzar la ronda de preguntas y machacar con el tema de la talla cuarenta me preguntaron:

—¿Tú cuánto pesas? ¿Consideras que tienes una talla grande?

Mi respuesta fue clara y contundente. Más allá de lo que pesara, que ni lo sabía, porque nunca me peso, no era comparable para mí con lo que yo «pesara» como persona: mis valores, mi integridad, mi actitud, mi lealtad… Todos esos ideales pesaban mucho más que unos kilos. Fue la primera vez que sentía un ataque tan directo, pero no era por mí, sino por lo que representaba en ese momento.

No quiero ser perfecta, quiero ser feliz

Recuerdo al principio, cuando acudía a las fiestas, que las marcas me llamaban para que fuera a sus *showrooms* a elegir sus trajes. Allí los estilistas suelen tener la talla treinta y seis o la treinta y ocho, y yo como te he dicho estaba entre la cuarenta y dos y la cuarenta y cuatro, así que, como es obvio, nunca tenían la mía. Es cierto que si en aquel momento me iban a entregar un premio o les interesaba mucho por algo me traían mi talla de donde fuera. Me daban un trato diferente, pero yo no lo veía así porque ellos no eran conscientes del dolor que me provocaba, yo lo sufría porque me daba la impresión de que me tenían que ayudar y, además, les complicaba el trabajo.

Sin embargo, aquellos momentos me hicieron entender que nadie me iba a limitar. Ni a mí ni a muchas otras mujeres que estuvieran en la misma situación. Hay que levantar la cara y tirar para adelante. Así que, cuando llegaba la hora de la verdad, yo me vestía con mi talla cuarenta y cuatro, me iba a la fiesta de turno y me lo pasaba mejor que nadie, pero además yo le daba la vuelta a la historia y me lo creía.

Referentes de verdad

A los dos años de estar con la marca Violeta eligieron para la campaña internacional a una modelo *curvy* impresionante, un ejemplo para todas. Se llama Ashley Graham, tiene casi veinte millones de seguidores en Instagram, es imagen de Victoria's Secret y trabaja con todas las marcas del mundo. Una mujer increíble y la modelo *curvy* más guapa del planeta. Ha enseñado su cuerpo, con sus estrías, con sus desafíos, con su celulitis... y le ha funcionado. Se miró al espejo, se gustó y se lo ha vendido al mundo. Estos son los referentes que la gente debe tener, porque hay otra realidad más allá de los miles de filtros que se utilizan para proyectar lo que es solo ficción. Y existen.

En Sevilla hay otra modelo *curvy* que se llama Lorena Durán que me recuerda mucho a Ashley Graham. Intimissimi me invitó a un desfile en Italia, concretamente en Verona, donde estaban las mujeres más impresionantes de mundo; y allí desfilaba Lorena. Cando salió a la pasarela fue increíble, la gente aplaudía sin parar y en ese momento empecé a pensar que por fin empezábamos a darle su sitio a los cuerpos reales.

Debemos fijarnos en todas estas mujeres porque son un ejemplo, un referente y tienen éxito sin necesidad de cumplir los patrones establecidos. Eso es maravilloso.

¿De verdad alguien ve a Sophia Loren y piensa en una talla? Ni por un segundo. La sensualidad, el poderío, la feminidad, el aura... Es tan todo eso que en lo último en lo que te pararías a pensar es en si está gorda o delgada.

Casi me muero cuando me enteré de que iba a conocerla. Marcó un antes y un después en la historia de mi vida, fue inolvidable. La Loren directamente, para mí, es una diosa. Esa señora es una barbaridad de hembra. La Loren tiene ese porte, esa elegancia, esa sensualidad con casi noventa años... ¡Cómo sería con treinta! Debió de ser de tirarte por los suelos. La contrataron para promocionar por Italia una compañía de cruceros y a mí por España. No daba crédito. ¡Coincidir con la Loren! Me fui a Italia y al llegar al barco me dijeron que ella tenía toda la tarde con entrevistas de todo el mundo.

Lo único que tenía claro es que la iba a conocer. Sabía que coincidiríamos por la noche, pero al ser ambas embajadoras seguro que nos pondrían en distintas mesas. Con el jaleo que había por todos lados me daba miedo de que al final no tuviéramos un momento para vernos. Y yo no estaba dispuesta a perder esa oportunidad.

Hablé con los chicos de Televisión Española para pedirles que me metieran como si fuera parte del equipo, y cuando fueran a entrevistarla, pues yo podría ponerle el micrófono. Me escucharon y alucinaron porque ellos también habían venido a entrevistarme a mí.

—Tú no puedes entrar con nosotros— se reían.

Pero yo les decía que no me fastidiaran el momento, que estaba muy emocionada. Así que al final me salí con las mías.

Nos citaron a las seis y cuarto y tuvimos que esperar un buen rato. La veía de lejos y no podía con los nervios. Entraron otros periodistas y no supimos muy bien el porqué, pero los echaron antes de tiempo. Cuando nos tocó pasar a nosotros, me temblaban las piernas. Me fui para ella, como para colocarle el micrófono, y creo que fue muy evidente que no me dedicaba a ello porque era incapaz de atinar a ponérselo. Además, se me notaba que iba maquillada para el evento. Ella se dio cuenta enseguida y me dijo:

—It's O.K.

Me sentó a su lado y estuvimos charlando. Luego dejé a los profesionales que hicieran su trabajo y me fui con su representante, que lleva toda la vida con ella, y le conté la verdad. Le pareció una historia fascinante.

Ella y mujeres como ella son para mí los verdaderos iconos de belleza. Mujeres de una vez.

Hartas de meter tripa, ¿o no?

Me gustó mucho una publicación que leí en Instagram que decía que la confianza es tu mayor accesorio. No necesitas nada más. Lo único relevante para vestir bien es la confianza en ti.

Y me estoy acordando de otras declaraciones que hizo la actriz Emma Thompson, una gigante del cine, el día que iba a presentar una de sus películas. Se hicieron virales. Y fue porque dijo «esta soy yo». Y no era para menos. Impresionaba su sinceridad. Era fácil empatizar con ella mientras daba luz al problema al que se enfrenta gran parte de la sociedad. Presentaba en ese momento su film, *Buena suerte, Leo Grande,* en la Berlinale, dirigida por Sophie Hyde, tras haber pasado por el Festival de Sundance, donde habían llamado la atención sus escenas de desnudo.

Fueron aquellas imágenes las que la llevaron a hacer las declaraciones que tanto impactaron:

—Yo no puedo ponerme delante de un espejo de esa manera. Si lo hago, siempre intento meter barriga, me pongo de lado... Hago algo —confesó—. No puedo simplemente estar ahí quieta. ¿Por qué haría algo así? Es terrorífico, pero ese es el problema: a las mujeres nos han lavado el cerebro durante toda la vida para que odiemos nuestros cuerpos.

Lo más emocionante es que al parecer cuando Emma se expresó así la reacción de los propios profesionales que estaban allí fue romper en una ovación. En ese momento Thomson se levantó para que se la escuchara alto y claro. No pudo ser más bello el empoderamiento de la mujer aquel día.

Impactantes palabras que daban relevancia a la importancia de mostrar cuerpos absolutamente reales. Pocos relatos demuestran el sentir general de una persona normal. Solo que en este caso se trata de una estrella de Hollywood con los mismos desafíos que cualquiera de nosotras.

El resumen de esto es que muchas mujeres han tenido éxito porque se han aceptado y han dicho también: ESTA SOY YO.

13

MUÉSTRATE COMO ERES

Parece que en la redes, como en la vida, hay una necesidad de dar nuestra mejor versión. Nadie sufre, a nadie le va mal, todo es perfección absoluta. MENTIRA. Yo sufro, tú sufres, todos sufrimos...

Después de dejarlo con mi última pareja tuve que enfrentarme a una rueda de prensa, pensé que estaba fuerte y que nadie iba a notar mi dolor, pero en mitad de todo aquello, al preguntarme por él no fui capaz de controlar los sentimientos. Me rompí, me derrumbé y empecé a llorar. Me pudo la emoción, me quebré delante de la gente.

Cuando pude retomar la entrevista les expliqué que no había sido fácil. Había dejado a mi familia, mis amigos, mis costumbres, mi idioma y ellos, al verme así, se asombraron porque durante veinte años de mi vida era la primera vez que veían que Vicky también podía derrumbarse. Aplaudieron ese hecho y me dijeron que era muy bueno mostrarme así para que la gente sea consciente de que nosotros también sufrimos y somos de carne y hueso.

En ningún instante podemos dejar de ser lo que somos. Si tienes un día malo, cuéntalo; y si te ha pasado algo, por muy tremendo que sea, dilo, que no te dé miedo. Es tu propia historia y es importante para ti. La vida es esto y no lo que proyectamos en las redes. En el día a día se sufre y también hay momentos de felicidad, y ante los sentimientos universales somos todos iguales, nada ni nadie te salva.

Me gusta pensar que a diario seguimos aprendiendo en esta carrera de aciertos y errores, y que siempre buscamos la verdad, la nuestra, para desde ahí seguir creciendo.

Me encantó cuando el cantante Dani Martín decidió romper todas las barreras y contar con franqueza y sin tapujos cómo era en realidad, no lo que se esperaba de él, sino su verdad. Desde entonces me parece un ser absolutamente fascinante, cada dos por tres me deja con la boca abierta. Le admiraba pero le admiro más hoy cuando usa las redes sociales para admitir que está jodido. No tiene ningún pudor en decir que se tuvo que volver de vacaciones para ir al psicólogo, aunque estuviera en un lugar idílico, porque esa cita era mucho más trascendental. Ahí me rindo a la persona.

Os voy a contar una anécdota que sucedió cuando presenté mi primer libro. Me acompañó Boris Izaguirre que había hecho el prólogo. Me senté allí y no sabía muy bien por dónde empezar. Opté por la verdad y comencé diciendo:

—Muy buenas tardes, me imagino que ya lo saben, dije con un tono de humor, me llamo Vicky Martín Berrocal, tengo una talla cuarenta y cuatro y tengo celulitis.

La gente se miraba como pensando: «¡Pero qué dice esta!». ¿Quién arranca una rueda de prensa diciendo esto?

Mira, dejemos de disimular, dejemos de decir que no podemos llorar porque estamos en público, que no podemos decir lo que somos por el qué dirán. Olvídate. Muéstrate como eres. Y siéntete libre.

Las vidas de las redes sociales

Creo que el daño que proyectan las redes sociales es un goteo constante de vidas perfectas. Las redes son un arma de doble filo, al final queremos sacar nuestra mejor versión y eso es lo que deberíamos hacer. Vemos vidas que pueden causar mucha frustración porque tienen todo resuelto, vemos vidas de personas todo el día de fiesta en aviones o barcos de lujo..., porque las redes se han hecho para embellecer, para crear un mundo idílico. Pero todo eso hay que mirarlo con distancia, con perspectiva y sabiendo que al final en la vida hay una parte que todos nosotros probablemente no enseñemos, donde por supuesto hay tristeza, sufrimiento... Es cierto que esto ya está pasando, y muchas personas se muestran vulnerables y hablan sin miedo sobre sus enfermedades, sus problemas de salud mental o sus pérdidas... Este es un cambio muy necesario y es maravilloso que empecemos a enseñar nuestras debilidades, miedos, ansiedades, complejos porque eso hace mucho bien al que lo ve.

Yo, por ejemplo, he tratado el tema de la obesidad y el sobrepeso y cuando cuelgo post hablando de mi realidad siento que eso me acerca a personas a las que les pasa lo mismo que a mí.

Una vez me ocurrió algo curioso con un personaje muy conocido. Le escribí para preguntarle cómo estaba, me había dado la sensación, como un pálpito, de que algo no andaba bien. Y me respondió con sorpresa porque justo en ese momento estaba escribiendo en su red expresando cómo se sentía. Estuvimos hablando horas. A ella, que lo tiene todo y es un referente para mucha gente, también le hacen pupa las propias redes. Y tuve que hacerle entender que cómo era posible que ella pudiera caer ahí, cómo podía frustrarle que un viernes ella estuviera en su casa y se sintiera mal porque otros influencers se mostraran de fiesta en fiesta. Creo que es necesario no caer en comparaciones para no ser presa de ellas. Si no pones freno, al final tu vida, por muy maravillosa que sea, se puede convertir en una mierda. Es más, dejas de tener vida.

Y si las redes son complicadas en general para todos, a los más jóvenes les están haciendo mucho daño. Si generan problemas a gente hecha y derecha, con éxito profesional, ¡qué no van a ocasionar a la juventud! A esas niñas de veinte años que tienen todo por hacer se les bombardea con una perfección engañosa y repetitiva, se les venden esas vidas de éxitos inmediatos, como de un día para otro. Es normal que muchas de ellas a lo único que aspiren es a ser influencer, incluso teniendo carreras universitarias. Esto ocurre.

Pero todo eso no es real. Algunas personas puede que sí triunfen y de forma rápida, pero eso no es lo habitual. El trabajo, la perseverancia, la lucha son cosas que distan mucho de ese mundo de color de rosa que se quiere vender y que luego nos deja una sociedad repleta de frustraciones que derivan en problemas mayores. La cabeza de los adolescentes o cuando eres muy joven no está del todo «amueblada» y te puede devorar. Lo hace cuando ya eres mayor y te ha pasado de todo, ¡imagínate cuando estás todavía por hacer!

Y ni qué hablar de las plataformas de citas, ¡pero cuánta mentira hay ahí! Dónde están aquellos tiempos en los que te preguntabas, ¿lo veré o no lo veré? ¿Me llamará o no me llamará? De esa época donde existía la improvisación no quedan ni los restos. Ahora hay perfiles que no te muestran ni quienes son realmente, ponen incluso fotos de otros.

Es que fíjate cómo somos, que hasta para ligar no tienen los santos… de poner su foto real. Te escondes en lo que te gustaría ser. ¡Pero cómo puede ser esto! ¡Hay tanta mentira!

No deberíamos dejar este tema de lado. Los jóvenes merecen nuestra ayuda, son necesarias muchas herramientas mentales para manejarse en este nuevo mundo de verdades a medias.

14

ALBA, MI COMPAÑERA, MI TODO

Nunca me llamó la atención ser madre. Tengo claro, además, que se puede ser una mujer completa sin tener hijos. Eso sí, cuando pasas por la experiencia es la mejor de tu vida.

De joven, no tuve la vena maternal que tenían otras amigas. De mi boca nunca salió lo de «yo quiero tener hijos». Jamás. Veía a la gente con los carritos por la calle y me producía verdadera indiferencia. Pero cuando me casé la idea comenzó a rondarme por la cabeza. Creo que influyó la presión social que llega, una vez casadas, en forma de la eterna pregunta que a todas nos hacen tres horas después de contraer matrimonio:

—¿Y para cuándo los niños?

A la que sigue, tras el primer nacimiento:

—¿Y para cuándo el segundo?

Vamos, un no parar para satisfacer un no sé qué orden establecido. Y a mí todo lo que sea cumplir un patrón me pone un poco nerviosa.

He vivido muchos años escuchando otras preguntas también recurrentes.

—¿Estás sola? ¿Y cómo una mujer como tú lo está?

Me saca de quicio tener que argumentar que estar sola es un estado natural en el que te puedes sentir muy bien. ¿Se puede ser feliz sola? Absolutamente sí.

Al final aprendes que da igual lo que hagas porque esta sociedad siempre tendrá algo que juzgar. Estamos acostumbrados a cuestionar el por qué no te has casado, por qué solo tienes un hijo, por qué estás sola… La verdad es que la canción de Alaska que dice a quién le importa lo que yo haga, a quién le importa lo que yo diga ha sido un himno en mi vida. A todos nos debería dar igual lo que digan los demás.

No premedité ser madre. Tras casarme con Manuel nos dejamos llevar sin poner impedimentos, sin buscarlo… y me quedé embarazada. Me enteré de una manera bastante curiosa. Me dio un cólico nefrítico y tuve que acudir al hospital. Al hacerme una radiografía me preguntaron si había alguna posibilidad de que estuviera embarazada. No tenía ningún síntoma, pero al entrar en la sala de rayos X un sexto sentido que me ha acompañado siempre me alertó.

—No, pero no se lo aseguro, puede ser que sí.

—Si usted cree que puede ser que sí, no deberíamos hacerlo —me dijo la enfermera.

A pesar de su consejo, le dije:

—Tire *pa'lante*.

Me hice la placa y fui a mi doctor para que me diera los resultados. Ya en la consulta me quiso hacer una ecografía.

—Vicky, a ver cómo te lo explico. La piedra no se ve, lo que sí veo es que estás embarazada.

Desde ese preciso momento mi vida cambió y para siempre. No hay verdad más absoluta que esta. En el mismo instante que supe que estaba embarazada ya amaba a mi hija. Sin saber nada de ella, sin haberle puesto cara, sin tener roce… Daba igual. Desde aquel día estaba dispuesta a cualquier sacrificio para proteger al bebé que tenía dentro. Se despertó en mí un instinto y sensaciones que ni imaginaba. Renuncié a cosas por alguien a quien ni le había visto la cara. Me preguntaba: ¿cómo puede ser esto? Y ahí lo entendí todo.

**El amor de una madre
es el más incondicional que existe.**

Con esto no quiero decir que los hombres no quieran a sus hijos igual, porque claro que los quieren, pero que nosotras les llevamos un adelanto de nueve meses, eso seguro.

Manuel se puso como loco porque, además, le encantaban los niños.

Poco después nos enteramos de que venían dos bebés. Pero una bolsa no salió adelante, no cuajó. Y como ya sabes quedó Alba. Me hubiera gustado llamarla Manuela, pero como el padre se llama Manuel y pensaba tener más hijos con él, renuncié a llamarla así por si alguna vez tenía un hijo varón.

Y ahí empezó el camino de la felicidad, pero también de la ingratitud porque no hay nada más complicado que educar a un hijo. Nunca vas a estar al cien por cien satisfecha de ser una buena madre, aunque lo seas, porque prácticamente todas lo somos. Una madre lo único que quiere es lo mejor para su hijo. Siempre.

Y, efectivamente, ninguna madre tiene un manual de instrucciones. Con el tiempo descubres que tu hijo, por mucho que sea tuyo, no es una prolongación de ti, incluso puede ser una persona muy distinta. Otra cosa que viene con la maternidad es afrontar los miedos que surgen desde que te enteras que estás embarazada. No hay un segundo en que estés tranquila. Desde el minuto uno empiezas a tener angustia y a sufrir, y ese sentimiento continúa hasta el último día de tu existencia. Está ligado a la frase «vivir es lo más peligroso que tiene la vida».

Y después debes entender que a un hijo no puedes trasmitirle esos miedos. Si por algo he peleado en mi vida es para que mi hija no tenga miedo, pienso que tiene que vivirlo todo y no perderse nada. Pero en ese recorrido, tú como madre, en el mejor de los casos, estás en tensión, gestionando la alegría por su felicidad, pero también tus temores.

Las madres de ahora nos desvivimos por darles todo a nuestros hijos. Aunque ellos estén bien, nosotras queremos darles algo mejor, y eso se torna a veces en una agonía. No sé por qué convivimos con la sensación de que lo hacemos mal. Estamos siempre con ese sentimiento de culpa. Nos vamos a trabajar porque lo tenemos que hacer, pero lo hacemos con mal cuerpo, con sentimiento de culpabilidad, de no estar donde tenemos que estar, de no llegar a todo, de estar perdiéndonos cosas y creando vacíos en ellos.

Nos volvemos locas con este tema. El remordimiento nos mata y nos torturamos pensando que somos malas madres y que no estamos a la altura si solo llegamos a la hora de acostarles; y si no cenamos con ellos, pensamos que al menos tendríamos que comer juntos a mediodía. Es una exigencia brutal.

Eso no pasaba con la generación de mi madre, por ejemplo. Ella se iba por la mañana y volvía por la noche, y yo me quedaba todo el día con mi abuela. Y, además, trabajaba los sábados. No había ni sufrimiento ni amargura. Solo agradecimiento por el esfuerzo que hacía.

Educar en valores

El carácter de Alba lo trae de serie. No podía ser de otra manera si tenemos en cuenta sus genes.

—Átala en corto que la niña tiene carácter —me decía mi padre.

La verdad es que era muy lista y sabía lo que quería desde muy pequeña. Eso para mí es una gran virtud. Yo también tuve las ideas claras en mi infancia. Cuando fui a estudiar a Suiza coincidí con todo tipo de niños y conocí a gente muy dispar. Fue una época difícil, con libertad y acceso a todo tipo de cosas. Allí nadie me veía, pero en la distancia siempre supe dónde no quería meterme y jamás lo hice.

¡Qué importante es no dejarse arrastrar! Tener personalidad y saber decir no. Conocer los límites que no queremos atravesar es lo que te diferencia. Debemos intentar no machacar a nuestros hijos con nuestras debilidades y hacerles pensar que pueden con todo. Y cuando discutamos, decirles las cosas sin atacar. Hay muchos matices y hay que hacerles fuertes y convencerles de que pueden hacer lo que quieran en esta vida.

Al año y medio de nacer Alba, Manuel y yo nos separamos. Me imagino que la circunstancia de criarse con padres divorciados le pasó también factura. No ha sido fácil llevarla, educarla... Cualquier cosa que le dijéramos parecía que ya lo sabía de antemano. Para los padres, los niños con estas personalidades suponen una dificultad extra, porque se creen que saben mucho más que tú; ha sido una lucha hacerle entender que por muy lista que fuera, yo ya había pasado por lo mismo. A mi hija siempre la voy a intentar llevar por el mejor camino que puede seguir, aunque por supuesto es libre de elegir finalmente el que quiera tomar.

Con dieciséis años tenía que entender lo afortunada que era y ahí sí decidí yo. Con esa edad se fue a estudiar fuera, a Watertown, en Estados Unidos. Una población remota para una niña que se marcha de su país. No sé en qué momento encontré esa ciudad en el mapa, pero tenía claro que no quería que Alba se fuera a Nueva York o a Boston, donde iba a estar rodeada de gente de su país. La aventura y el desafío eran otros. No solo era el idioma, sino que entendiera y viviera en sus carnes otras muchas cosas. Estaba convencida de que esto le haría crecer en otros terrenos.

Me comentaron que en ese lugar había un colegio y allí que la mandé. Era la única española no solo en el centro educativo sino en cien kilómetros a la redonda. Tuvo que enfrentarse a una nueva familia, estaba fuera de su zona de confort, con otro idioma, otras costumbres, pocas comodidades e incluso una temperatura difícil de gestionar —en invierno llegan a los veinte grados bajo cero—. Dieciséis añitos en ese momento y mamá no estaba a su lado.

Para llegar al colegio tardaba una hora entre caminar y coger el autobús. Si quería comer, debía apañárselas sola. Tenía que hacer nuevos amigos y enfrentarse a muchas cosas que hasta entonces no había tenido necesidad. Todas esas complicaciones hacen que subas escalones en tu vida a una velocidad de vértigo. Cuando no tienes más opciones, tiras *pa'lante*.

Dice que es la experiencia más dura que ha vivido. Lloró mucho. Estuvo el año entero sin volver a casa ni en Navidad ni en Semana Santa. Con mucho tesón y valor. No pidió volver. Lo aguantó como una jabata. Un año sin ver a su padre ni a sus hermanos. Solo nos vio a mi madre, a mi hermana y a mí en una ocasión, por las fiestas navideñas, que fuimos a pasarlas con ella porque yo, mientras pueda, las pasaré siempre a su lado.

Durante ese año, Alba tuvo que enfrentarse a tantas cosas que le hizo ver que la vida no es fácil. Aunque siempre digo que no nos den todo lo que nuestros cuerpos pueden aguantar. A mí me costó también, pero entendí que era lo mejor que podía hacer.

Después de aquella experiencia volvió otra Alba. Madura, una niña muy independiente, con las cosas mucho más claras. Dando importancia a la familia, al valor de la amistad. De hecho, desde que cumplió la mayoría de edad no le he dado un euro para nada. Se ha buscado la vida sola.

El verano que volvió dijo que quería ser camarera y se fue a Marbella a trabajar. Su padre la llevaba a las diez de la mañana y la recogía a las cinco de la tarde. Así ganó sus primeros mil euros. Su primera nómina con la cual invitó a un viaje a su padre y a otro viaje a su madre.

Es cierto que tenemos conflictos y que en algunas cosas no estamos de acuerdo, pero siempre intentamos acercar posturas. Como madre debo aprender a entender que a mi hija no tiene por qué gustarle lo mismo que a mí ni tiene que ser la mejor en todo.

Alba me ha ayudado a ver la vida de otra manera. Por ejemplo, yo tiendo mucho al orden, a las rutinas… En cambio, Alba tiene un concepto de la vida diferente. Gracias a ella he aprendido a darme cuenta de que no puedo esperar que los demás sean como yo. Me ha enseñado también a ser más transigente. En ocasiones intento imponer una determinada forma de hacer las cosas, y no porque crea que es la mejor, sino porque es la que a mí me ha funcionado. Ella me dice muchas veces:

—Está bien que a ti te haya ido bien en una determinada circunstancia, pero yo quizás necesito otra cosa. Yo no soy igual que tú y aunque vengo de donde tú vienes, yo he tenido una vida y tú has tenido otra.

Es una niña muy espiritual, no se parece mucho a las chicas de su edad y busca amigos de verdad, gente que le aporte y le trasmita algo. Me ha sorprendido en muchísimos momentos de mi vida y me sorprende cada día más. Tiene unos valores increíbles. Es mi gran compañera de vida.

15

LO QUE EL AMOR ME HA ENSEÑADO

He sido una mujer muy afortunada en el amor, pero también he sufrido mucho por él, presa de mi locura, de mi carácter, de mi apasionamiento y de mi forma de ser y de sentir; porque entiendo el amor de una manera: la mía.

Lo creerás o no, pero casi todas mis historias han estado unidas al desasosiego, al temor: sufría cuando las vivía, sufría cuando se terminaban, sufría en mitad de todo eso… Sufría todo el tiempo. Nunca las disfruté porque desde el instante que empezaba una relación tenía miedo a que se terminara. Creo que, en este sentido, los hombres no me han dado seguridad —y mira que he sido una mujer segura—, pero también me la han robado, por eso a veces cuando me quedaba sola estaba mucho mejor que con ellos.

En fin, que el amor ha sido una contradicción constante en mi vida porque me ha dado los mejores momentos y también los peores. Unos maravillosos y otros que me han hecho muy desgraciada. Y no porque crea que mis parejas no me hayan querido, porque estoy convencida de que sí lo han hecho y mucho, pero nunca estaba satisfecha, siempre pedía más, aunque tengo que reconocer que he sido mucho más feliz dando que recibiendo. He sido así.

Como pareja soy de las que dan sin esperar nada a cambio. Obviamente, ellos también se han entregado, si no yo no hubiera perdido ni un minuto de mi tiempo.

Enamorada de la conquista

Desgraciadamente mi punto débil en el amor empieza cuando se pasa la locura. Proceso muy mal esta etapa y no sé gestionarla. Cuando se impone la rutina, mi cuerpo como que pierde el interés... Ya no siento igual.

Para mucha gente, sin embargo, esta es la parte más bonita y fascinante de la relación. Con la estabilidad es cuando sienten que la historia empieza de verdad. A mí me cuesta verlo así, cuando lo he vivido he tenido que trabajarlo mucho. Quizás sea porque he sido una enamorada de la conquista, de los inicios, cuando todo vale, cuando no hay que renunciar a nada y todo te sorprende, sea bueno o malo.

Entendí que esto no era así con mi última relación porque cuando pasó esa fase de locura me di cuenta de que cuanto más tiempo pasaba más feliz era y más le amaba. No sé si fue porque el amor no son palabras sino hechos, porque en el amor hay verdad, hay complicidad, no hay miedos, o si fue el compromiso lo que me hizo ver por primera vez en la vida que el amor era eso y no lo otro... Bastaba una mirada, apoyar la cabeza en su hombro y sentir unas sensaciones que parecían nuevas.

Ya sufro menos por amor

Las relaciones que más duran creo que son aquellas en las que cada uno tiene su espacio y en las que existe una confianza ciega entre ambos, aquellas en las que la sensación de renuncia es mínima. Para mí las renuncias son complicadas de asumir. Yo soy persona más allá de mi pareja.

Con Jesús Quintero hablaba mucho de temas amorosos —y de otros, claro—. Éramos muy amigos, y cuando vivía en Sevilla pasábamos tiempo juntos. En ocasiones me recogía de la tienda y compartíamos confidencias. Cuando me entrevistaba me moría de placer; primero porque era un lujo sentarte con él y después por esos silencios eternos que te hacían contar todo y más. Él sacaba de ti lo que tú quisieras, pero en mí más aún porque sabía mis escondites. Siempre me pedía como amigo que no me enamorara porque siempre sufría.

—Ya veo que ya no sufres tanto por amor —me dijo un día en una de esas entrevistas.

—Es verdad, ya sufro menos —le contesté— porque sé que después de uno viene otro y que después de una historia viene otra historia de amor.

Es cierto. Suena trivial, pero para mí ese ha sido el gran hallazgo en temas amorosos. Comprobar que hay vida después de vivir un amor y de que este se acabe. Antes, cuando tenía un desamor, pensaba que me iba a morir, sentía que después de esa persona todo se acababa y el mundo se paraba. Nunca he estado con nadie que no me haya querido, pero siempre he pensado que el hombre ama de otra manera. Ama diferente a nosotras.

Recordad que la única diferencia entre un ciego y un enamorado es que el ciego sabe que no ve.

El desamor se lleva todo por delante

El amor es precioso, los pellizcos en el estómago y la alegría en el corazón, pero ¡hay qué ver lo que se sufre cuando lo que llega es el desamor, la ruptura!

El desamor es un dolor que quema. Cuando algo se termina y tú amas de esa forma es imposible pensar que puedas terminar una historia sin sufrimiento. Da igual donde quieras huir para olvidar porque la mochila va contigo. El desamor se escapa de la razón, es una locura, un verdadero luto.

Y es verdad. El desamor manda en ti, no puedes frenarlo aunque tú quieras, tú no quieres sufrir, pero se ha instalado dentro y necesitas un tiempo para poder olvidar.

Cuando las mujeres me cuentan sus historias les digo lo que yo haría si estuviera pasando por su proceso, y las animo a que tiren *pa'lante* porque la vida es muy corta. Hay que ser feliz y, si no, buscar el camino para encontrar la felicidad. Tira, no te quedes ahí, no hay tiempo que perder; y lo más importante es que nunca pasa nada. Al final te darás cuenta de que podemos con ello. Con eso y con más. Por mucho que pienses que es como una montaña, una vez que has dado el primer paso es mucho más fácil. De verdad, no te quedes donde sabes que no debes estar, no te quedes por el miedo a no volver a ser feliz. Hay que ser valientes y no vivir en una mentira.

Ten el coraje de comenzar una historia, de entregarte, y también de romper cuando las cosas no son como esperabas.

Toma decisiones, NO PASA NADA. Esa frase deberíamos tatuárnosla porque es la pura verdad. No podemos vivir en un engaño ni en una media felicidad. La vida es demasiado corta.

No sé si después de vivir mi historia de amor he aprendido a amar de otra manera, lo que sí sé es que he evolucionado.

La fidelidad, por ejemplo, sigue siendo importante, pero hay otras cuestiones que lo son mucho más. Hay que vivir las relaciones de una forma más sana, buscar compañeros de vida con los que seas capaz de hacer un equipo, de los que te puedas fiar —aunque, chicas, ya sabéis que eso no es nada fácil conseguirlo hoy en día—.

Deberíamos vivir el amor de otra forma. Tenemos que simplificar la vida en estos temas, ya es bastante complicada en otros muchos.

Algunas personas me preguntan cómo hago para llevarme tan bien con Manuel después de la separación. Al final siempre les respondo lo mismo: Viví con él cosas muy buenas y algunas malas, pero yo siempre me he quedado con las primeras. En general, nos olvidamos pronto de lo positivo y tendemos a quedarnos con lo negativo. Así no llegamos a ningún sitio, además ¡qué necesidad tenemos de tirarnos los trastos a la cabeza! La vida ya es bastante complicada para tener al enemigo en casa. Si hay hijos de por medio, intenta olvidar, olvidar es necesario porque es lo único que te hace avanzar; agarrarte a lo malo te llevará a un sitio muy chungo. Así que acuérdate de lo bueno y no solo por los hijos sino también por ti. Porque acordarse de lo malo no compensa.

Leí una vez una frase que decía que el primer beso se da con la mirada. Ese cortejo, la espera, … y cuanto más largo sea ese proceso, mejor porque no hay que tener prisa.

A mí me gusta lo tradicional, lo que hemos vivido tú y yo, las primeras miradas, el roneo, la lucha eterna… El camino fácil nunca fue lo mío.

La primera vez que salí con Manuel les dije a mis padres que había quedado con un amigo, y por supuesto no entró en la finca. Él me preguntó que dónde me recogía.

—En la cancela —le respondí.

Y mis padres conocieron a Manuel cuando yo ya supe que él era el hombre con el que quería pasar el resto de mi vida, pero a mí no se me ocurría contarles lo que me escribía, o si me había dado un beso. Eso se le cuenta a las amigas, pero hoy parece ser que todo vale.

La soltería la he llevado con absoluta normalidad. No tengo necesidad de tener historias constantemente.

Mi prioridad no es encontrar un hombre —que, por cierto, cada vez lo veo más complicado—. Yo cuando salgo, salgo a pasarlo bien y a disfrutar de los míos, aunque no descarto que mañana me enamore y me vuelva loca de nuevo.

En cuanto a la sexualidad, no creo que mejore con la edad como dice todo el mundo. Depende más del momento en el que te encuentres y de la persona que tengas delante. Pienso que hay que desmitificar muchas cosas respecto al sexo. Yo, por ejemplo, he estado muchos años sin tener relaciones sexuales y también he sido feliz. Y no me importa contarlo.

He estado sola mucho tiempo y creo que es importante saber vivir así. Parece que estar acompañada te da un plus o tener alguien que te quiera te da normalidad. Hay que mandar al carajo los estigmas sociales. He entrado y salido durante muchos años y me he sentido absolutamente plena. Y tengo claro que estaré con alguien cuando me sume y me complete.

16

CELEBRAR LA VIDA

Cincuenta años. Feliz de cumplirlos, de haberlos vivido y de poder contarlos.

Siempre me gustó cumplir años y jamás oculto mi edad porque para mí es un motivo de celebración, significa que los he vivido. Respeto a todo aquel que no quiere decir su edad y la esconde, pero ¡a mí me encanta porque significa que sigo aquí!

Los cincuenta son las bodas de oro de la vida, pero esta es una idea incorrecta. Pensamos que nos queda otra media, sin embargo, no sabemos cuánto tiempo estaremos. Lo importante es ser conscientes de cómo hemos llegado hasta aquí. Estos 50 años me han hecho ser quien soy y estoy muy agradecida de haberlos cumplido uno tras uno. ¡Y claro que hay cambios, pero en eso es precisamente en lo que no debemos caer! No tenemos que pensar en la edad que tenemos porque ese dato no tiene ninguna importancia. Lo que sí la tiene es el cúmulo de momentos, vivencias, experiencias que te hacen ser como eres.

Trabaja para ser la persona que quieres.

Se dice que el destino está escrito. Yo creo que hay una parte que sí lo está y otra que puedes reconducirla y hacerla tuya, y ahí es donde está tu gran labor y donde debes poner tus cinco sentidos, porque ese X por ciento que está escrito no lo podemos cambiar —lo escrito, escrito está—, pero tú debes reconducir esa parte de la que sí eres dueña. Ahí es donde te tienes que centrar.

Al final todo es trabajo: vivir es un trabajo, educar es un trabajo, enamorarse es un trabajo, todo en esta vida es un trabajo interminable, pero no debes ser impaciente, por el contrario, debes ser constante. La constancia es lo único que te guía para ser la persona que tú realmente quieres ser.

Y da igual la edad, no hay edad que valga. Hoy menos que nunca. Mírame, aquí estoy hoy, subida en este quinto escalón de la vida para decirte que podría haber escogido mil caminos distintos, pero me llevó por uno y desde ahí es desde donde te hablo. Y no digo que sea el mejor, pero es el mío.

Me marqué la meta de llegar a los cincuenta sintiéndome mejor que nunca, más sana que nunca de cuerpo y de mente. Ese objetivo no ha llegado porque sí, pero espero seguir marcándome retos constantemente. Hoy creo ser la mejor versión de mí y cuando me pregunto si cambiaría algo, me contesto: NO, no lo haría porque para mí los errores son parte de la deuda que uno tiene que pagar por una vida plenamente vivida. A pesar del dolor, del desamor, de las ansiedades, de las idas y venidas y de todo lo que me ha ocurrido, he coleccionado momentos maravillosos. Y ahí es donde te quiero ver a ti, ahí es donde tú tienes que llegar, a vivir de una forma plena y a sentir que lo vives al cien por cien.

En el punto de partida

Las que me conocéis sabéis que siempre he hablado desde la verdad, desde la pasión, desde esa entrega absoluta que he tenido en cada parcela de mi vida. Sería una locura que los años no nos enseñaran. Y para mí la libertad ha sido fundamental. Creo que he sido quien he querido ser y que he vivido lo que he querido vivir, pero tampoco pasa nada si hemos escogido el camino erróneo, es lícito porque de todo se aprende.

También creo que de la única cosa que no se aprende es del amor. Cuando piensas que ya has pasado por todo, que lo has visto todo, que tienes claro que por ahí no vas a volver a pasar, que lo controlas… te das cuenta de que estás siempre en el mismo punto de partida. Tengas la edad que tengas esto va a ser así. Cuando alguien se cuela en tu cuerpo y pasea por él, es complicado tener el control.

Vivir sin miedo

Cuando pienso en lo que está por venir no tengo miedo, pero sí mucho respeto. La muerte me infunde un temor descontrolado, siempre me ha ocurrido. Me impactó el libro *El humor de mi vida,* de Paz Padilla. Toda una lección de vida y de cómo afrontar el adiós de alguien a quien amas. De ella escuché que no hay que vivir con miedo a la muerte porque un solo día que lo hagas es un día que no has vivido. ¡Cuánta verdad!

Respeto muchísimo que haya personas que hablan de que hay una vida mejor después de la muerte, porque a mí me gustaría pensarlo. Algo tiene que haber, pero a mí nadie ha venido a contármelo y lo único que tengo clarísimo es que la muerte es mucho más larga y juraría que mucho peor, porque aquí estoy de puta madre.

La vida es hoy. No es para siempre.

Damos por hecho que la vida espera, que los amigos esperan, que los buenos momentos esperan, que la familia espera. Y no es verdad. La de veces que mis padres me pidieron que hiciera un viaje con ellos y siempre lo posponía porque tenía algo que hacer. No me daba cuenta de que esas oportunidades hay que pillarlas al vuelo porque la vida es aquí y ahora. Lo que tengas que hacer, hazlo, porque nunca sabes cuándo se termina.

Mi padre era un tío de éxito. Trabajaba como un jabato, pero se lo pasó en grande. Nunca priorizó el trabajo. Tengo una anécdota tremenda que refleja a la perfección cómo era. Siendo empresario de la plaza de toros de Las Ventas de Madrid, toreaba en aquella feria de San Isidro nada menos que Manuel Benítez el Cordobés, mi exsuegro.

Mi padre dejó al frente de la Monumental a Manolo Baena, su mano derecha, y él se fue al Rocío. En esos tiempos se vivían los Rocíos y todo de maravilla, sin móviles ni teléfonos…. Era la guardia civil la que te venía a buscar si había algún mensaje importante que te tuvieran que dar.

Aquel día Manolo tenía urgentemente que ponerse en contacto con mi padre y la guardia civil fue a buscarlo. Cuando le contaron el problema la respuesta de mi padre fue:

—Solucionalo, pero no me llames más por favor.

Manolo llamó tres o cuatro veces más y al final mi padre, lejos de ponerse nervioso, incomodarse o pensar en coger el coche y regresar a Madrid a resolver el problema, le dijo:

—Mira Manuel, te voy a decir una cosa: haz lo que tengas que hacer, aunque tengamos que perder dinero.

Mi padre lo tuvo claro y prefirió coleccionar momentos.

¿Cómo hubiéramos actuado ahora mismo cualquiera de nosotros? Seguramente hubiéramos dejado todo por solucionar un problema que no era de vida o muerte.

¿Cuántas veces dejamos de estar con los amigos porque nos llaman para cualquier tontería que podríamos solucionar en otro momento? ¿Y cuántas veces estamos con ellos y cada uno pendientes de nuestros móviles? Nos perdemos el presente, y a pesar de que lo sabemos, se nos olvida que la vida dura un segundo. Grave error. Lo que vivamos tenemos que vivirlo ahora.

Quédate con esta frase que es otra que también me acompaña; me la dijo mi mejor amigo, un tío muy sabio:

Todo el mundo muere, pero no todo el mundo vive.

Recuérdala tú también a diario. Tu prioridad debería ser vivir.

El mismo amigo me dice también que no debo permitir pasar un solo día sin ser feliz; porque ya habrá días en los que la vida se encargue de traerte cosas tremendas y que tú no puedas cambiar. En ese momento tendrás que dejarte llevar, pero mientras esté en tu mano no consientas ser infeliz.

Creo que todas estas cosas nos las deberían enseñar de pequeños. ¿Es tan importante que un hijo saque buenas notas?

¿Es tan importante discutir con un amigo por una tontería? ¿Pasar un día malo por algo que tiene solución? Deberíamos preguntarnos cada día, a nosotros y a los nuestros, si somos felices.

La felicidad está en ti

¿Qué es la felicidad?, ¿cómo se mide?, ¿quién la mide? Creo que cada uno tiene su medida y uno siempre sabe cuándo lo es, pero recuerda que nadie vendrá a hacerte feliz. Tú tienes que serlo sea como sea.

**No busques la felicidad fuera,
la felicidad está en ti.**

Y ahora yo te pregunto, ¿qué es para ti la felicidad? Quizá no tiene nada que ver lo que a ti te hace feliz con lo que a mí me hace feliz. Y además pienso que la felicidad plena no existe porque si la tuviéramos siempre no sería un bien tan preciado.

Para mí la felicidad es ver a mi hija feliz, disfrutar de una buena película, abrazar a mi madre, un buen vaso de vino, escuchar un buen flamenco, comerme un plato de pasta, pasear por el campo, una buena conversación, una chimenea encendida, hacer un camino del Rocío con mi hermandad de Huelva, ver la sonrisa de un niño, quedarme sola, sentir cómo mi trabajo me puede hacer feliz, un recuerdo... Esa es mi felicidad.

Considero que la vida es un regalo. Tu mejor regalo. Pasear es un regalo, leer un libro es un regalo, escuchar música es un regalo, mirar a tus hijos es un regalo, que alguien te dé la mano es otro regalo. Hay tantas cosas que son un regalo y nos parece que no lo son.

La vida es maravillosa, vívela, exprímela y créetela. Y no te olvides de reír y de reírte de ti. Hazlo desde ya. Y por supuesto no dejes de quererte. Que nadie te haga pensar que no puedes llegar, que nada te haga creer que no vales. Eres capaz de ser quien quieras ser. OLVÍDATE del resto.

**Tú y solo tú eres la dueña de tu destino,
la capitana de tu alma.**